Matthieu Pigasse

La Lumière du chaos

Éditions de L'Observatoire

ISBN : 979-10-329-0068-0
Dépôt légal : 2023, octobre

170 *bis*, boulevard du Montparnasse, 75014 Paris

« Il faut porter en soi un chaos pour pouvoir mettre au monde une étoile dansante. »

Friedrich Nietzsche, *Ainsi parlait Zarathoustra*

« Le punk n'a rien à voir avec tes pompes ou la teinture de tes cheveux [...] En fait, le punk rock c'est traiter tous les êtres humains de façon exemplaire. »

Joe Strummer, The Clash

Introduction

Pourquoi y a-t-il une société plutôt que rien ?

Depuis des millénaires nous nous regroupons et nous vivons en communautés, plus ou moins grandes, dans des pays aux organisations politiques diverses : empires, monarchies, démocraties, etc. On a longtemps pensé que ces regroupements, la vie en société, l'émergence et le développement des États étaient le fruit du progrès humain et qu'ils témoignaient d'une évolution positive de l'humanité, en marche vers un monde meilleur. Celle-ci serait passée du nomadisme à la sédentarité, des chasseurs-cueilleurs aux agriculteurs, des tribus aux États, au fil du progrès continu des connaissances et du processus civilisationnel.

L'anthropologue américain James C. Scott a montré qu'il n'en était rien, que le grand récit du progrès et de la civilisation n'était pas fondé et que les États étaient d'abord nés de la coercition et de l'oppression. Nous n'avons pas choisi de vivre sous tel ou tel gouvernement, mais nous y avons été contraints, le plus souvent par la violence. Les premiers États, nés en Mésopotamie il y a près de six mille ans, étaient l'expression d'une volonté de puissance et de richesse manifestée par les premiers souverains. Ils reposaient sur l'appropriation des biens et l'asservissement de la majorité. Ils se sont progressivement étendus par la guerre et la conquête, annexant les territoires, absorbant les populations voisines et ne laissant personne ou presque en dehors de leur domination. Leur contrôle sur leurs sujets s'est exercé par l'impôt – les prélèvements sur les cultures principalement – et la conscription – l'enrôlement de force dans l'armée.

Face aux résistances des populations, les États ont progressivement cherché à justifier leur existence et leur domination par la mise en place d'un contrat social tacite : l'acceptation par chacun de la violence légitime exercée par le pouvoir contre le bénéfice de la sécurité collective ; la perte de certaines libertés individuelles contre la garantie de la liberté de tous et de l'égalité entre tous. Nos sociétés modernes, et notamment nos démocraties, reposent sur cette idée de contrat social. Le bon fonctionnement de ce contrat est la condition absolue et nécessaire à l'adhésion et au respect des règles qui régissent nos sociétés. C'est l'existence d'un tel contrat, l'échange implicite d'un peu moins de liberté contre un peu plus de sécurité, qui constitue le socle de nos démocraties.

Or ce contrat social est aujourd'hui rompu. Les États sont désormais largement incapables d'assurer la sécurité de leurs ressortissants, qu'il s'agisse de leur sécurité économique et des conditions de vie décentes – comme se loger, se nourrir ou se soigner convenablement –, de leur bien-être et d'une égalité minimale, ou même de leur sécurité physique. Dès lors que les termes du contrat social ne sont plus respectés, plus rien ne justifie l'adhésion aux règles collectives. Rien ne justifie de vivre en société, de respecter ses règles et d'accepter ses contraintes si elle s'avère incapable d'assurer la protection de ses membres. Pourquoi se soumettre aux exigences de la vie en société si celle-ci ne parvient pas à satisfaire les droits les plus élémentaires ? Jamais le *No Future* des punks, l'absence d'avenir, n'a été aussi vrai. La rupture du contrat social conduit la société à se désagréger, et les États à perdre leur légitimité et à se disloquer.

Nous entrons dans l'ère du chaos. Nos sociétés sont comme prises de vertige devant la fin de la croissance, l'explosion des inégalités, la perte de sens collectif, la libanisation du monde. Elles sont à l'image d'un pont entré en résonance, qui se met à trembler sur lui-même. Soit on parvient à calmer les vibrations et à le stabiliser, soit il s'effondre. Ce chaos résulte de l'échec de la dernière idéologie dominante : le capitalisme libéral. Ce système dominant s'est certes transformé au cours des siècles, passant d'un capitalisme de production à un capitalisme de consommation, de l'aliénation du travailleur à celle du consommateur. Mais ses vices sont restés les mêmes. Les immenses progrès réalisés dans tous les domaines – sciences, médecine, ingénierie, transports, industrie, numérique, etc. – nous ont fait croire que le problème de la rareté et de la pauvreté était derrière nous. Le bonheur, que le révolutionnaire Saint-Just qualifiait en 1794 d'« idée neuve en Europe[1] », devait enfin nous être offert. Non seulement cela n'est pas advenu, mais notre société tolère des écarts sans précédent de richesses et de statuts. Ils sont à terme insoutenables. Il ne peut y avoir de démocratie et de

1. *Œuvres de Saint-Just*, 1834, discours du 13 ventôse an II (3 mars 1794).

liberté sans un minimum d'égalité. C'était l'intuition du philosophe russe Mikhaïl Bakounine que « l'inégalité de fait [...] produit toujours l'inégalité des droits : l'inégalité sociale devient nécessairement inégalité politique[1] », par la formation de rentes et de monopoles, la dégradation du système éducatif, le contrôle des médias, le lobbying, le financement de la vie politique, etc. Les institutions sont mises au service des dominants et de leurs intérêts très particuliers. C'est l'argent qui justifie le pouvoir et le pouvoir qui justifie l'argent. Le capitalisme libéral est le plus grand instrument jamais inventé de destruction de l'égalité. Il conduit au triomphe du parti de l'égoïsme : consumérisme, division du travail, exclusion, inégalités, etc.

Si nous ne réagissons pas, nous entrerons dans un âge sombre, comme un nouveau Moyen Âge. Endormis par la cocaïne numérique, plongés dans la douce narcose des écrans, hypnotisés par notre narcissisme, oubliant ou ignorant les enseignements de notre histoire, nous ne faisons pas attention au décor qui s'écroule autour de nous. À l'image de l'empereur dans le conte d'Andersen, nous sommes nus et nous ne le voyons pas[2]. Nous avons perdu le sens du tragique, mais nous courons à la tragédie.

Ce qui est en jeu, c'est l'avenir même de la société telle que nous la connaissons. Il faut se souvenir des mots de Kierkegaard : « Le feu prit un jour dans les coulisses d'un théâtre. Le bouffon vint en avertir le public. On crut à un mot plaisant et l'on applaudit ; il répéta, les applaudissements redoublèrent. C'est ainsi,

1. Mikhaïl Bakounine, *Catéchisme révolutionnaire*, 1866.
2. Hans Christian Andersen, *Les Habits neufs de l'empereur*, 1837.

je pense, que le monde périra dans l'allégresse générale des gens persuadés qu'il s'agit d'une farce[1]. » Après la mort de Dieu, théorisée par les Lumières, nous assistons, hagards, à la fin de l'idée de progrès en laquelle nous avons cru pendant deux siècles avec une foi profonde. Rien ne vient aujourd'hui la remplacer. L'échec de la promesse d'un monde meilleur, l'explosion des inégalités, le repli sur soi, la faillite des élites politiques, économiques et médiatiques effacent les repères et détruisent tout avenir et tout espoir. Nos sociétés sont coincées entre l'hystérie de ceux qui passent leur temps à dénoncer de supposés coupables et à accuser tous azimuts, et l'apathie de ceux qui ont renoncé ou sont trop lâches pour agir. Le risque est celui d'une nouvelle forme de guerre civile généralisée, née de la colère et du ressentiment.

Il nous appartient de mettre fin au grand renoncement et de réinventer une société des possibles. Il n'y a pas de fatalité, rien n'est figé, aucun dogme ni aucune règle ne sont intangibles. Il est possible d'inventer un nouveau monde et une nouvelle manière de vivre ensemble. Le monde est ce que nous en faisons, et ferons. Mais pour cela, nous devons réapprendre à penser un avenir commun et à nous réapproprier une part de rêve ; refuser ce qui est et se battre pour le changer ; développer une « pensée du tremblement », selon l'expression du poète et romancier Édouard Glissant, une pensée incertaine, pleine de doute, mais une pensée ouverte, seule à même de nous aider à vivre dans le chaos actuel et à le comprendre.

1. Søren Kierkegaard, *Le Concept d'ironie constamment rapporté à Socrate*, 1841.

Inventer d'autres possibles, c'est donner du souffle et du sens, le sens du vivre-ensemble mais aussi celui que chacun donne à sa vie. Pour cela, il faut commencer par soi-même.

Première partie

Un nouveau monde

1

La fin du progrès

Le monde occidental aura connu deux ruptures idéologiques profondes au cours des derniers siècles. La première est la fin de Dieu au XVIIe siècle, remplacée alors par l'idéologie du progrès. La seconde est la fin du progrès, que nous vivons aujourd'hui et que rien ne vient remplacer. Cette seconde rupture ouvre un vide immense sous nos pieds et engendre vertiges, déséquilibres et tensions. Elle nous laisse seuls face à nous-mêmes, dans un monde désormais privé de direction et de sens. À la mort de Dieu n'a pas succédé le triomphe de l'Homme.

*

La fin de Dieu a été brillamment exposée par l'historien Paul Hazard en 1935 dans *La Crise de la conscience européenne (1680-1715)*. Jusqu'au XVIIe siècle, l'idée de Dieu est au centre de l'univers, la mesure de toute chose, la seule source du pouvoir. L'explication du monde et l'organisation de la société reposent sur un ordre divin, autour de l'Église et de la personne du roi, qui tient sa couronne, sa légitimité et son autorité de Dieu. Soudainement, au cours du XVIIe siècle, l'ordre qui prévalait jusqu'alors est remis en cause. Tous les repères, les valeurs, les normes sur lesquels la société reposait s'effondrent. Les XVIIe et XVIIIe siècles marquent la fin d'un monde et la naissance d'un autre. La révolution qui s'opère, philosophique avec Descartes, scientifique avec Newton, politique avec les Lumières, relègue le divin à l'arrière-plan et place l'Homme au centre de l'univers, comme mesure de toute chose. Elle consacre la mort de Dieu et l'entrée dans la modernité.

À un système de valeurs fondé sur la religion s'en substitue un nouveau, fondé sur la raison et l'individu. Pendant l'âge classique, l'ordre et la stabilité régnaient, les vieilles croyances religieuses et politiques n'étaient pas remises en cause, il n'y avait pas de changement. Le XVIIIe siècle sera, à l'inverse, celui du mouvement : « Le temps est venu de l'hétérodoxie, de toutes les hétérodoxies ; des indisciplinés, des rebelles[1]. » C'est le triomphe de la raison, seul instrument de la connaissance pour les cartésiens, qui ne reconnaissent ni autorité, ni vérité, ni tradition, et qui préconisent l'examen de toute chose et la critique systématique. Déjà, Spinoza avait appelé à faire table rase des croyances traditionnelles. Pour lui, le mal venait de ce que la religion n'était pas un acte de foi, mais un culte imposé de l'extérieur auquel on devait obéissance. Il fallait rejeter les préjugés, douter de tout. Avant lui, les libertins de la pensée, comme Pomponazzi ou Gassendi, n'avaient pas de doctrine particulière, mais exprimaient l'amour de la vie et voulaient disposer d'eux-mêmes librement. C'est un moment clé : la Bible devient un livre comme

1. Paul Hazard, *La Crise de la conscience européenne (1680-1715)*, (1935), Le Livre de Poche, 1994, chap. IV.

les autres, qui n'est pas d'origine divine. Le prêtre et exégète biblique Richard Simon montre ainsi dans son *Histoire critique du Vieux Testament* (1678) les modifications et ajouts apportés à ce texte par les hommes eux-mêmes au fil du temps ; le pouvoir royal n'est pas divin, il existe un droit à l'insurrection. À l'ordre de Dieu répond l'ordre de l'univers.

Il devient possible de remettre en cause les croyances qui prévalaient jusqu'alors et qui régissaient le monde. C'est vrai d'un point de vue scientifique. Copernic, puis Galilée, démontrent ainsi que le Soleil se trouve au centre de l'univers et que la Terre tourne autour de lui, et non l'inverse. Newton utilise les seules mathématiques pour expliquer les lois de la gravitation. Les sciences et la technologie doivent permettre à l'homme de maîtriser la nature, d'agir sur elle et de maîtriser son destin. C'est vrai aussi d'un point de vue politique. Avec les Lumières, on passe du droit divin au droit naturel, d'une société divisée en classes inégales à une société qui se veut équitable. La démocratie moderne est née du refus du surnaturel et du divin. Elle substitue l'ordre de la nature à la volonté de Dieu. Chaque homme a des facultés et des droits. Il a le devoir de les exercer, ne peut être soumis par nature à un autre, car nul ne peut être assujetti à la volonté arbitraire d'autrui. La démocratie est l'organisation politique qui règle les rapports entre les hommes, selon l'idée qu'eux-mêmes dirigent leur propre destin.

Mais personne, alors, n'avait anticipé qu'en conséquence l'homme se trouverait seul face à lui-même. Pendant deux siècles environ, la réponse apportée au vide ainsi créé par la fin de Dieu a été l'idéologie du progrès et la croyance en un avenir meilleur. Selon cette nouvelle foi, il est possible d'agir pour transformer le monde, et ce dans tous les domaines. Le futur est nécessairement plus beau et plus juste que le présent, qui lui-même est supérieur au passé. Les générations futures ont le droit, sinon le devoir, de construire un monde différent de celui dont elles ont hérité.

*

Las. Nous vivons aujourd'hui la seconde rupture, la fin du progrès. La démocratie représentative, les révolutions industrielles et le capitalisme moderne n'ont pas su tenir leurs promesses. Les États se révèlent aujourd'hui incapables d'assurer la sécurité de leurs ressortissants, et d'abord d'offrir à chacun un emploi et des conditions de vie décentes. Nos sociétés contemporaines sont marquées par la disparition de la croissance, l'augmentation du chômage et des inégalités, des tensions sociales et politiques, la montée des extrêmes, le repli sur soi.

La croissance, qui crée de la richesse, ralentit tendanciellement. Elle doublait tous les siècles depuis la révolution des Lumières : 0,5 % au XVIIIe siècle, 1 % au XIXe, 2 % au XXe... Doublera-t-elle encore au cours de ce siècle ? Non, elle devrait retomber à 1 % environ. Deux fois moins qu'au siècle précédent. Il faut s'habituer à une croissance faible. Le progrès et les espoirs de vie meilleure qu'elle engendrait deviennent des mirages. Tous ses moteurs sont à l'arrêt, et pour longtemps. La démographie est au mieux stagnante dans les pays de l'OCDE. Dans le même temps, le progrès technique, en dépit des apparences, marque le pas. Dans un livre publié en 2011, le généticien Jan Vijg propose un « indicateur d'intensité de l'innovation[1] » qui se fonde sur les quelques centaines de découvertes qui ont créé une rupture dans nos modes de vie ou dans la productivité depuis le début de la révolution industrielle, au XIXe siècle. Sa conclusion : le plus haut niveau de créativité a été atteint au début des années soixante. Son indicateur est retombé aujourd'hui au même niveau qu'au début du XXe siècle, avec une innovation majeure tous les cinq ans en moyenne, contre plus d'une par an jusqu'au milieu des années quatre-vingt.

L'économiste américain Robert Gordon, l'un des experts reconnus des cycles économiques et de la croissance à long terme, accrédite lui aussi la thèse d'une « grande stagnation », engendrée par le ralentissement de l'innovation. Dans la somme qu'il consacre à l'histoire de la croissance américaine, Robert Gordon démontre comment, au cours de l'histoire, la croissance et la production de richesse ont d'abord résulté de l'augmentation de la population puis du progrès technique issu de l'innovation[2]. La première révolution industrielle, qui survient entre 1750 et 1830, donne naissance à la machine à vapeur et au chemin de fer. La deuxième, entre 1870 et 1910, apporte l'électricité, le moteur à combustion, la radio et le téléphone, entre autres. La troisième, celle de l'information et de la communication, toujours en cours, est celle des semi-conducteurs, de l'ordinateur et de l'Internet. Mais elle ne produit pas les mêmes effets que les deux précédentes :

1. Jan Vijg, *The American Technological Challenge: Stagnation and Decline in the 21st Century*, Algora, 2011.

2. Robert Gordon, *The Rise and Fall of American Growth: The U.S. Standard of Living Since the Civil War*, Princeton University Press, 2016.

« La croissance rapide observée au cours des deux cent cinquante dernières années pourrait bien être un épisode unique dans l'histoire de l'humanité », affirme-t-il.

Parce que les deux premières révolutions industrielles ont profondément changé le mode de vie de l'humanité, en apportant l'eau courante, l'électricité, la mobilité grâce au chemin de fer puis à l'automobile et à l'avion, sans parler de l'électroménager ou de l'ascenseur, une croyance collective bien ancrée veut que la troisième, celle de l'information et de la communication, remplisse la même mission émancipatrice. Rien n'est moins sûr. À la différence de la mutation que nous vivons aujourd'hui, la deuxième révolution industrielle a été multidimensionnelle, avec l'émergence d'inventions très diverses. Entre 1870 et 1970, les maisons sont passées du statut d'isolement total à celui de lieux aux connexions multiples : au gaz, à l'eau, aux égouts, à l'électricité, au téléphone, à la télévision. Six nouvelles manières de se connecter au reste du monde contre une seule aujourd'hui : Internet. Surtout, la dernière grande révolution, celle de l'intelligence artificielle, inarrêtable, porteuse de progrès pour le meilleur comme pour le pire, sera dévastatrice pour l'emploi et sans précédent à cet égard. Quasiment tous les métiers sont remplaçables à terme par une intelligence artificielle. La face positive est l'aide à la décision et le surplus de productivité qu'elle autorise. La face sombre est le chiffrage impossible à faire précisément des millions d'emplois, devenus inutiles ou non productifs, qui vont être remis en cause et supprimés dans les secteurs les plus divers. On ne peut en mesurer aujourd'hui l'impact sur la croissance. Plus encore, l'intelligence artificielle va créer des chocs et des ruptures mettant en cause la cohésion même de nos sociétés, comme la formation de rentes colossales au profit des entreprises qui maîtriseront la technologie, l'explosion de nouvelles inégalités pour ceux qui resteront en dehors, le développement d'une société de surveillance qui fera peser de lourds risques sur la démocratie. En ce sens, l'intelligence artificielle est l'illustration la plus pure de ce nouveau monde dans lequel nous entrons.

L'évanouissement de la croissance est une très mauvaise nouvelle, car c'est elle qui fournit du travail à chacun, elle qui permet non seulement d'améliorer le niveau de vie global, mais aussi d'apporter l'espoir d'une vie meilleure, de croire en l'avenir, de créer du lien social, de partager les fruits du surplus de revenu ainsi créé.

*

À la fin du progrès économique répond la fin du progrès social.

La première conséquence directe de la disparition de la croissance est l'explosion des inégalités. Elle a pris notamment la forme d'un effondrement de la classe moyenne et d'une polarisation de la société désormais écartelée entre les plus riches et les plus pauvres.

Cette classe moyenne a conscience de sa position, aspire à mieux et a la conviction que demain peut être meilleur qu'aujourd'hui, mais elle connaît aussi les risques de déclassement qui sont les siens. En ce sens, elle remplit dans une société les fonctions politiques essentielles de stabilisation et d'émulation. C'est elle qui porte notamment les valeurs de travail, de dignité et d'autonomie. C'est elle qui assure le plus d'égalité possible, en limitant la polarisation de la société. Comme le souligne James C. Scott dans son *Petit éloge de l'anarchisme*, c'est quand ses rêves et ses aspirations sont contrariés que naît « l'étincelle initiale de l'agitation révolutionnaire[1] », agricole ou industrielle.

Or, les classes moyennes déclinent continûment. Elles voient leur revenu augmenter beaucoup moins vite que durant les décennies précédentes, sous le double effet du ralentissement de la croissance et d'un partage de la richesse de plus en plus défavorable au travail et aux salaires et de plus en plus favorable au capital et aux actionnaires. Elles se trouvent confrontées de manière brutale à des salaires dévalorisés et en décalage avec les diplômes obtenus, à une plus grande précarisation, et à un marché immobilier dont les prix sont eux-mêmes en décalage croissant avec leurs ressources disponibles. Une année de travail salarié moyen permettait d'acheter neuf mètres carrés de logement parisien dans les années quatre-vingt, contre trois seulement aujourd'hui.

C'est un véritable déficit d'avenir pour tout un pan de la population, née après le choc pétrolier des années soixante-dix, percutée de plein fouet par la « société de post-abondance ». Les Trente Glorieuses furent synonymes de plein emploi et de croissance sensible du pouvoir d'achat. Jusqu'au milieu des années soixante-dix, la croissance annuelle du salaire réel se situait autour de 3,5 % en moyenne. C'était à la fois la promesse d'une promotion sociale tout au long de

1. James C. Scott, *Two Cheers for Anarchism: Six Easy Pieces on Autonomy, Dignity, and Meaningful Work and Play*, Princeton University Press, 2012 ; trad. Patrick Cadorette et Myriam Heap-Lalonde, *Petit éloge de l'anarchisme*, Lux Éditeur, 2019 [2013].

la vie professionnelle, mais aussi celle d'une situation mécaniquement meilleure pour les générations à venir. Depuis le milieu des années soixante-dix, le rythme de croissance des salaires est inférieur à 0,5 % par an en moyenne. Là où il fallait vingt ans pour doubler son salaire dans les années soixante-dix, il faut aujourd'hui cent quarante ans, soit bien plus qu'une vie.

La croyance dans le progrès social, l'anticipation d'une vie meilleure, l'espoir que ce que l'on n'arriverait pas à obtenir soi-même dans sa vie professionnelle, nos propres enfants l'obtiendraient un jour, se sont peu à peu évanouis. L'écart croissant entre le désir de consommation et des moyens financiers insuffisants engendre d'immenses frustrations et d'intenses exaspérations. C'est le signe d'une profonde régression, où il n'existe plus de continuum – réel et symbolique – entre les plus pauvres et les plus riches, et d'une société dans laquelle les inégalités ont explosé.

Le partage de la « valeur ajoutée » – c'est-à-dire de la richesse créée par les entreprises – entre travail et capital s'est de plus en plus déformé en faveur de ce dernier. Ceux qui tirent leurs revenus de leur travail, et non du capital, ont dû subir, dans le meilleur des cas, une stagnation de leur niveau de vie. Cette situation n'est pas propre à la France. Dans les pays de l'OCDE, la part de la rémunération du travail dans le revenu national total est passée de 66,1 % au début des années quatre-vingt-dix à 61,7 % à la fin des années 2000. Une autre façon de l'illustrer est de regarder comment les entreprises françaises ont distribué leurs profits au cours de la dernière décennie : 68 % de ces bénéfices sont allés aux actionnaires, 27 % à l'effort d'investissement et 5 % seulement aux salariés sous forme de primes.

Or, le patrimoine est lui-même très inégalement réparti. Un long cycle de baisse des inégalités, amorcé en 1914, s'est achevé dans les années quatre-vingt. Jusqu'à la Première Guerre mondiale, les 10 % les plus riches détenaient environ 80 % des richesses en France, part qui s'était réduite à 50 % au milieu des années quatre-vingt[1]. Dans le même temps, le patrimoine détenu par la classe moyenne avait augmenté fortement, de 14 à 41 %. Mais un nouveau cycle d'augmentation très forte des inégalités s'est ouvert en sens inverse au milieu des années quatre-vingt, au moment même où le mouvement de déréglementation des marchés financiers prenait son essor. Le *Rapport sur les inégalités mondiales 2022*, issu des travaux d'une centaine de chercheurs de tous les continents, montre non seulement la montée des inégalités de revenus au cours des dernières décennies mais aussi une aggravation de l'hyper-concentration du capital[2]. Au niveau mondial, les 50 % les plus pauvres détenaient en 2020 à peine 2 % du patrimoine total, alors que les 10 % les plus riches possédaient près de 80 % du total. En Europe, les 50 % les plus pauvres détiennent 4 % du total contre près de 60 % pour les 10 % les plus riches. Rien n'indique que la tendance se soit inversée depuis.

1. Bertrand Garbinti et Jonathan Goupille-Lebret, « Inégalités de revenu et de richesse en France : évolutions et liens sur longue période », *Économie et Statistique*, n° 510-511-512, 2019.

2. Lucas Chancel, Thomas Piketti, Emmanuel Saez et Gabriel Zucman (dir.), *Rapport sur les inégalités mondiales 2022*, Seuil/ World Inequality Lab, 2022.

Pour le dire encore autrement, les 0,1 % les plus riches de la planète détiennent désormais à eux seuls quelque quatre-vingt mille milliards d'euros de capitaux financiers et immobiliers, soit environ 20 % du patrimoine mondial, l'équivalent d'une année de PIB. En France, les cinq cents plus grandes fortunes cumulées sont passées à elles seules entre 2010 et 2022 de deux cents milliards à mille milliards d'euros, c'est-à-dire de 10 % du PIB à près de 40 % du PIB.

Un tel niveau d'inégalités est non seulement inacceptable moralement, mais insoutenable socialement. Aucune société ne peut en effet résister à de tels écarts de vie et d'espoirs, à un tel niveau d'injustice. L'histoire montre que, lorsque les inégalités atteignent un seuil critique, un choc se produit, toujours, qu'il s'agisse d'une révolution, d'une guerre ou d'un effondrement du modèle dominant. Il faudrait être fou ou irresponsable pour ne pas comprendre que nous avons désormais atteint ce seuil.

*

La seconde conséquence de la disparition de la croissance est précisément la dissolution du lien social, la fin de la « société de semblables », selon l'expression de l'homme d'État Léon Bourgeois, reprise et développée par le sociologue Robert Castel. Une société de semblables est une société unie, qui repose sur l'entraide et la solidarité.

Une telle solidarité reposait au Moyen Âge sur un système d'échange et d'assistance, en fonction du rang et du statut de chacun. Dans les sociétés modernes, la solidarité repose sur la protection sociale. L'État a mis en place des protections collectives contre certains risques de la vie, comme le chômage ou les accidents du travail. Dans une telle société de semblables, cimentée par la mutualité et non par la charité, chacun dispose des revenus nécessaires et d'une protection suffisante pour pouvoir être indépendant. Nul n'est exclu. Les relations entre ses membres sont des relations d'interdépendance et non de dépendance.

Or on assiste aujourd'hui à une dislocation du lien social. Une part importante et croissante de la population est désormais évincée des mécanismes de protection sociale, du débat et de la représentation par un mécanisme de « désaffiliation ». Ce sont « les invisibles », selon l'expression de l'historien Pierre Rosanvallon, ceux qui ne sont plus entendus ni écoutés, ceux qui sont négligés ou méprisés. La hausse de la pauvreté et de la précarité – c'est-à-dire de l'incertitude par rapport à l'avenir en raison, par exemple, d'un contrat de travail à durée déterminée ou à temps partiel – explique ce phénomène de désaffiliation et l'exclusion de tous ceux qui échappent progressivement à ces dispositifs protecteurs. Et la situation ne cesse de se dégrader. En France, sur les quinze dernières années, la population considérée comme pauvre[1] a progressé de 1,7 million, soit un bond de près de 25 %, si bien que désormais près de 10 millions de personnes vivent sous le seuil de pauvreté.

Les risques d'une telle situation sont majeurs. D'abord, la cohésion même de la société est en jeu.

1. Le seuil de pauvreté est fixé à 60 % du niveau de vie médian de la population, soit un revenu disponible de 1 102 euros par mois pour une personne vivant seule et de 2 314 euros pour un couple avec deux enfants.

Elle est menacée par la disparition à la fois de nos valeurs communes et de la liberté pour chacun de choisir sa vie, d'être et de rester autonome – la pauvreté se définissant aussi comme l'absence de choix possibles et la soumission à un déterminisme implacable. Après des années de désenchantement et de ressentiment, les désaffiliés ne se contentent plus de subir. Ils agissent à l'image de ceux qui n'ont plus d'avenir devant eux et qui ont le sentiment que personne ne s'en soucie. Ils prennent une distance croissante avec la classe dirigeante, ils votent pour les extrêmes (quand ils se rendent aux urnes), ils envahissent les ronds-points et menacent de marcher vers les palais de la République. Ils refusent les contraintes attachées à la citoyenneté (les impôts, les lois et règlements – comme de nouvelles limitations de vitesse sur les routes) si la société et ceux qui la dirigent ne sont plus en mesure de leur offrir, en contrepartie, la sécurité physique et matérielle ainsi que la reconnaissance qui va avec.

Nous entrons dans l'âge de la colère, tel que décrit au début de l'année 2017 par le romancier et essayiste indien Pankaj Mishra[1]. Nous sommes dans un état de « guerre civile globale », bien plus grave qu'un choc de civilisations. Ce choc oppose les classes dirigeantes ouvertes et mondialisées aux classes moyennes et modestes qui se sentent flouées. La civilisation universelle promise – le suffrage universel, une croissance régulière, la possibilité de pouvoir choisir sa vie – s'est révélée être un mirage.

1. Pankaj Mishra, *L'Âge de la colère. Une histoire du présent*, Zulma, 2019.

Les désaffiliés sont la nouvelle Internationale, celle du chaos.

Avec la fin du progrès, toutes les affiliations anciennes ont disparu, au profit d'adhésions de substitution, à des communautés ethniques, religieuses ou de genre, qui toutes instrumentalisent la tentation du repli. Une société qui se désagrège finit toujours par se réatomiser en communautés.

2

Une société fracturée

Est en jeu l'existence même de la société. Car celle-ci n'a plus de raison d'être dès lors que ses contraintes l'emportent largement sur les avantages qu'elle procure et que sa promesse d'un monde meilleur s'est évanouie. La perte de sens collectif, l'absence de direction et la disparition de l'horizon la conduisent à se fragmenter et à se défaire. Ce qui nous rassemble n'est plus assez fort pour résister au repli sur soi et au rejet de l'autre. Le progrès, boussole de l'humanité pendant deux siècles, cède le pas à l'éclatement en communautés, de genre, d'orientation sexuelle, de religion, d'ethnie, de corporation, etc. Ces communautés s'adonnent parfois au suprémacisme culturel, au populisme et à la victimisation vindicative. La défense de leurs intérêts particuliers l'emporte sur la défense des intérêts collectifs.

Les Lumières, sur lesquelles est bâtie la République, nous avaient donné la Déclaration des droits de l'homme et du citoyen, et à travers elle l'universalisme : « Les hommes naissent et demeurent libres et égaux en droits. Les distinctions sociales ne peuvent être fondées que sur l'utilité commune », « tous les citoyens étant égaux [aux yeux de la Loi] sont également admissibles à toutes dignités, places et emplois publics, selon leur capacité, et sans autre distinction que celle de leurs vertus et de leurs talents ».

Ce principe, celui de la reconnaissance absolue du citoyen, nous semblait indépassable. Nous avons eu tort. Le mépris de l'universalisme est un des marqueurs de la fin du progrès.

*

Nous sommes aujourd'hui entre deux feux. D'un côté le populisme, de l'autre le communautarisme, comme les deux faces d'une même pièce, comme les deux mâchoires d'une même gueule, ils partagent la haine de l'universel et le rejet de l'humanisme hérité des Lumières.

Les dangers du populisme sont largement connus. Il n'en est pas de même du communautarisme, paré des atours de la défense des faibles et des opprimés. Il est pourtant le signe d'une immense régression, celui d'un repli sur la tribu, cette unité qui précède l'organisation en société et qui se détermine en fonction de la seule origine géographique, ethnique, linguistique ou culturelle de ses membres.

Il est évidemment indispensable de reconnaître toutes les discriminations existantes et de lutter sans répit contre elles sans exception aucune : sexisme, racisme, homophobie, etc. Les droits de l'homme sont les droits humains et un instrument d'émancipation. Le principe de la liberté pour toutes et tous et de l'égalité absolue entre toutes et tous doit prévaloir. Hegel disait de la Révolution française qu'elle est un lever de soleil. Ce soleil doit maintenant porter la même lumière sur toutes et tous. C'est d'ailleurs le sens profond de l'universalisme. Mais le problème survient quand la défense des plus faibles conduit à l'enfermement dans des communautés et à l'assignation au paraître, à ce que l'on paraît et non à ce que l'on est ou veut devenir. L'individu se définit alors par ce en quoi il est semblable à d'autres dans une même communauté (« *idem* »), et non par ce en quoi il est irréductible à tout autre, cultivant sa singularité (« *ipse* »). Lorsqu'il se définit principalement à travers un environnement communautaire, il ne peut construire son propre destin et sa propre personnalité, car le groupe laisse peu d'espace à la liberté individuelle pour se définir et se déterminer. C'est le règne de l'*Homo clausus*, de l'individu fermé sur lui-même. Le regroupement devient alors sectaire. Une communauté ouverte sur l'extérieur favorise les liens sociaux. Elle se transforme en menace quand elle devient monolithique et enferme. C'est précisément ce que l'on observe aujourd'hui.

Fondées sur l'identité, ethnique, religieuse ou de genre, ces communautés sont multiples et elles s'opposent. Dans cette tribalisation du monde, chacun est réduit à une appartenance qui le définit de plus en plus étroitement. Ainsi les communautés risquent-elles de submerger ce qui fonde une société, le vivre-ensemble. Face à cette guerre culturelle, nous sommes trop longtemps demeurés inertes ou complaisants, alors qu'elle est, avec la fin de la croissance, l'autre ferment du chaos. Le communautarisme, contre l'universalisme, postule en effet que ce qui nous différencie est plus fort que ce qui nous rassemble. Dans une telle société, impossible de voir grand, de penser large, impossible de construire d'autres projets que ceux de petits collectifs identitaires, affinitaires, regroupés le plus souvent pour une durée limitée autour d'objectifs réduits. Impossible dans un tel cadre d'exalter le dépassement de soi ou de conduire une réflexion sur la société prise dans son ensemble. Alors même que les philosophes des Lumières pensaient que les émancipations individuelle et collective progressaient ensemble, les communautaristes considèrent au contraire que l'autonomie individuelle et la reconnaissance de chaque être humain ne peuvent s'obtenir qu'au nom de l'appartenance à une minorité, donc contre les projets de libération collective qu'ils devraient au contraire permettre.

Le discours anti-Lumières exalte en effet tout ce qui sépare, distingue, oppose... Il fait courir à la société un risque d'éclatement, de fragmentation, d'atomisation. Il explose la démocratie.

Par une cruelle ironie de l'histoire, communautarisme et nationalisme se ressemblent par le même refus de l'universel, par le même rejet de l'altérité. On retrouve dans le communautarisme ce qui alimentait le discours antirationaliste du XIXe siècle et qui accoucha du nationalisme : on insiste sur ce qui dissocie et isole les hommes, sur ce qui leur est spécifique et particulier, et en aucun cas sur ce qui peut les unir ou les réunir.

Ce courant réactionnaire naquit au XIXe siècle dans le sillage de Johann Gottfried von Herder, disciple de Kant et mentor de Goethe, avec lesquels il rompit au fil de sa dérive nationaliste. Son idéal culturel, ethnique et linguistique était assez fruste : une communauté d'individus réunis non par la raison, mais par l'appartenance. Il opposait ainsi la Grèce à Rome. L'idéal spartiate, le culte de la spécificité et de la pureté, contre le « monstre » romain multinational et multiculturel, finalement terrassé par les Barbares germains.

Il véhiculait l'idéologie de la terre, des morts et du sang, de la glèbe qui ne ment pas. À cette aune, les hommes ne se définissent pas par leurs actes mais par leur psychologie. Nous sommes, selon lui, tous prisonniers du contexte dans lequel nous sommes nés, et nous ne pouvons pas échapper à ce déterminisme, qu'il soit linguistique, culturel, racial ou sexuel. Comme si l'on se résumait au lieu où l'on est né. Comme si l'enracinement, qui nous attache, suffisait à nous caractériser.

Cette vision herderienne de la communauté nationale a fini par dresser les pays les uns contre les autres. Son nationalisme découpait le monde et morcelait l'Histoire. Il a été – et continue d'être, là où il est actif – un facteur de division et de balkanisation.

Emmanuel Kant, son ancien maître à penser, nourrissait comme dessein suprême un État cosmopolite universel. Herder était au contraire un diviseur. Comme les communautaristes qui veulent aujourd'hui imprimer leur marque sur la société. Par manque de nuance et par volonté systématique de confrontation, ils passent à côté de l'objectif légitime qui devrait être le leur : révéler, faire exister, apporter des visions complémentaires aux approches dominantes, nécessairement incomplètes et injustes.

Si l'on remplace les mots « nation » et « nationalisme » par « communauté » et « communautarisme », on retrouve exactement les mêmes thèses et les mêmes thèmes, mais dits autrement et appliqués à des réalités différentes. Selon ces idéologies anti-Lumières, il n'existe pas de vérité universelle, mais des vérités nationales ou communautaires. Cela revient au même. Maurice Barrès, par exemple, parlait d'une vérité française et d'une vérité allemande, comme il est dit de nos jours exister des « vérités alternatives » ou des « post-vérités ».

Dans les deux cas, nul besoin d'une longue démonstration pour comprendre que cette vénération du particulier conduit au repli sur soi, donc au rejet de l'universel. C'est à ce moment que les ennuis commencent, ou plutôt s'intensifient. Un seul dénouement est envisageable : la guerre. D'un pays contre un autre. D'une tribu contre une autre.

Herder parlait d'authenticité, concept qu'il appliquait non pas à un individu, mais à une collectivité. Un peuple (*ein Volk*) doit être fidèle à lui-même, c'est-à-dire à sa propre culture. Les communautaristes récusent la notion d'universel au nom du culte de la différence, et de la nécessité de réparer les outrages du passé. Mais le prix à payer est le même : élevé, avec la réduction de l'universalisme au rang de préjugé comme un autre. La vénération du particulier, que l'on remarque chez tous les penseurs réactionnaires – Herder, mais aussi Vico, Sorel, Spengler, Barrès, Maurras –, conduit à rejeter tout apport étranger, dangereux, pour protéger ce que Herder appelait l'authenticité.

Maurice Barrès oppose au moi l'anti-moi. Et l'anti-moi, c'est l'autre, le barbare, l'étranger, aux sens propre et figuré. Il manifeste une aversion pour l'Homme avec un grand H et éprouve le plus grand mépris envers toute norme universelle. Pour Herder, ce qui compte est l'« attachement à la glèbe où nous sommes nés et où nous devons pourrir[1] ». Il préfigure

1. Johann Gottfried von Herder, *Auch eine Philosophie der Geschichte zur Bildung der Menschheit*, 1774 ; trad. Max Rouché, *Une autre philosophie de l'histoire*, Aubier-Montaigne, 1944, p. 281.

en cela l'idée très barrésienne de la terre et des morts. La nation, ou la communauté, n'est pas un ensemble de citoyens, mais des corps réunis autour de leurs églises et de leurs cimetières. Il écrit : « Nous jugerons chaque chose par rapport à la France. La vérité, la justice n'existent pas *in abstracto*. Il n'y a pas de vérité absolue, il n'y en a que des relatives[1]. » C'est la naissance du relativisme et d'une conception de l'Homme comme produit d'un terroir et d'une communauté : « La terre nous donne une discipline, et nous sommes les prolongements des ancêtres[2] », écrit-il encore. Il ajoute : « Plus j'ai d'honneur en moi, plus je me révolte si la loi n'est pas la loi de ma race[3]. » Les milices communautaristes qui hurlent au « racisme d'État » et clament leur dégoût pour la « blanchité » pourraient le paraphraser.

Elles pourraient aussi s'inspirer de Joseph de Maistre, champion de la réaction : « Il n'y a pas d'hommes dans le monde. J'ai vu, dans ma vie, des Français, des Italiens, des Russes, etc. ; je sais même, grâce à Montesquieu, qu'on peut être persan ; mais quant à l'homme, je déclare ne l'avoir rencontré de ma vie ; s'il existe, c'est bien à mon insu[4]. » Voilà ce qu'est la réaction. Et, une fois encore, il suffit de remplacer nation par communauté, et les pays par des appartenances ethniques, de genre ou autre, pour moderniser le propos.

Herder regarde la patrie comme un organisme vivant, une sorte de biotope, un tout cohérent inaccessible à la réflexion critique. Barrès assure qu'il ne comprend

1. Maurice Barrès, *Scènes et doctrines du nationalisme*, 1902, p. 80.
2. *Id.*, *La Terre et les Morts*, 1899.
3. *Id.*, *Scènes et doctrines du nationalisme*, 1902, p. 64.
4. Joseph de Maistre, *Considérations sur la France*, 1797 (2de éd.), chap. VI, p. 102.

pas le Parthénon ni Platon parce qu'il n'a pas de sang grec dans les veines. Il considère que le génie grec est « impénétrable pour un Français de Lorraine ». Tout ce qui nous est étranger devrait donc le rester. Ce rejet total de l'altérité n'est rien d'autre que ce que réclament aujourd'hui certaines tribus, le droit de reconstituer des communautés organiques.

Dans la vision communautariste, l'individu est également limité, contraint par ses origines. Pour Herder, l'homme est ce qu'ont fait de lui ses ancêtres, là où il est venu au monde. C'est une contribution au morcellement du genre humain, à l'idée qu'il y a une imperméabilité des cultures. Elle mène de manière inéluctable à la guerre de tous contre tous, à une nouvelle forme de guerre sainte contre tout ce qui est étranger ou différent. Or, l'idée de différence comporte autant de danger, sinon plus, que l'idée d'uniformité. En rejetant l'hypothèse selon laquelle il n'existe qu'une seule nature humaine, comme le font tous ces nationalistes, ces communautaristes, on obtient un éclatement de l'humanité, un repli sur soi et un conflit à multiples facettes des uns contre les autres.

On connaît maintenant le prix du morcellement, de l'insistance sur les différences, de la dépendance de l'individu à l'égard de son contexte culturel et psychologique, le prix de ces prétendues « innocentes identités » culturelles, communautaires, linguistiques qui ont conduit à s'entretuer aux XIXe et XXe siècles. Barrès, par exemple, vomit toute référence à l'universel, et donc à la raison. Il exalte, dans le même élan, irrationalisme et anti-progressisme. Il plaide que l'instinct doit primer sur tout le reste : « C'est l'instinct, bien supérieur à l'analyse, qui fait l'avenir[1]. » L'émotion, l'enthousiasme sont pour Barrès et tous ses admirateurs les forces profondes qui guident nos comportements. À leurs yeux, le rationalisme produit des déracinés et dilue le sentiment d'appartenance. La raison est néfaste car elle conduit au matérialisme et à l'idée de progrès, à l'idée que l'Homme est capable de changer le monde, elle détruit les liens charnels qui lient les membres de la communauté.

Nous faisons face aujourd'hui à un paradoxe incroyable : jamais nous n'avons été aussi conscients de ne former qu'une seule humanité, grâce à la multiplication des moyens de transports et de communication et en raison d'inquiétudes communes comme le réchauffement climatique ou les épidémies. La globalisation nous a au moins donné cette claire conscience de l'existence d'une humanité, une et indivisible. Et pourtant, jamais les divisions et les replis identitaires n'ont été aussi forts : nouveaux nationalismes, nouvelles xénophobies, nouvelles radicalités religieuses, nouvelles revendications communautaires, etc.

Les Hommes se savent semblables, ils partagent un même destin parce qu'ils vivent dans un même monde, et pourtant, ils manifestent plus que jamais leur aspiration à vivre aux côtés d'êtres qui leur sont identiques, quitte d'ailleurs à s'inventer de nouvelles identités ou à réinventer sans cesse des différences. Alors on se replie sur soi et on rejette l'autre. Avec le risque de voir remonter d'un âge ancien des idéologies toxiques – tel le concept de race qui ressort des poubelles de l'Histoire –, le risque de constater que les identités supplantent l'égalité.

1. Maurice Barrès, *Le Jardin de Bérénice*, 1891.

*

L'idée de vérité universelle est insupportable aux séparatistes qui n'entendent raisonner qu'en termes de tribu, d'appartenance, de différence, de séparation. Mais, de manière plus générale, elle n'a plus de sens non plus pour tous ceux qui manifestent une méfiance accrue envers les élites – politiques, économiques, médiatiques, bien entendu, mais aussi scientifiques.

Nous connaissons tous l'acte de naissance des « faits alternatifs » : « Il n'a pas prononcé des contre-vérités, il a proposé des faits alternatifs », avait répondu en janvier 2017 Kellyanne Conway, conseillère à la Maison-Blanche, à un journaliste qui lui demandait pourquoi le porte-parole de Donald Trump avait affirmé la veille, à tort, que sa cérémonie d'investiture avait attiré plus de public que celles de Barack Obama. Or, les faits alternatifs ne sont pas seulement des contre-vérités, ce sont des mensonges, des affirmations volontairement truquées, falsifiées et trompeuses, qui concernent toujours des faits tangibles. Ils inaugurent un nouveau régime de vérité et de mensonge, connu désormais sous le nom de « post-vérité » (*post-truth*), défini par l'*Oxford English Dictionary* comme « les circonstances dans lesquelles les faits objectifs ont moins d'influence sur l'opinion publique que les appels à l'émotion ou aux opinions personnelles ».

Ces faits alternatifs sont la conséquence directe de la fin du progrès et l'aboutissement d'une dérive continue de l'individualisme. Depuis les Lumières, notre société s'était appuyée sur la raison comme pivot de son identité, dont la science était à la fois l'instrument et l'incarnation, par opposition à la religion et aux mythes. L'affirmation de « vérités alternatives » est d'abord de nature individuelle, comme une affirmation de soi et de la suprématie de son libre arbitre. Elle permet de se placer en pseudoposition de dissidence et de rébellion et de se retrouver entre « sachants ». Ces faits alternatifs sont une menace mortelle pour la démocratie. Celle-ci repose sur la distinction entre les faits, l'opinion et l'interprétation. Elle suppose un consensus sur les faits et un dissensus sur les conséquences à en tirer. Dans la vision alternative, il n'y a plus de confrontation, plus de raisonnement, plus de délibération possible – restent l'adhésion personnelle et les pulsions sectaires et xénophobes…

Entre le « *Facts don't work !* » (« Les faits ne fonctionnent pas ! ») du milliardaire anglais Arron Banks, cofondateur du mouvement « Leave.EU » et grand soutien du Brexit, et le « les faits sont têtus[1] » de Lénine, au sens où ils existent objectivement et ne peuvent être contestés, je choisis Lénine… Ces faits dits alternatifs sont le reflet de l'ignorance et de la bêtise.

Ce n'est d'ailleurs pas un hasard si l'un des « faits alternatifs » les plus répandus concerne la rotondité de la Terre. Cette vérité absolue – la Terre est ronde – démontrée par Galilée au XVIIe siècle, est précisément l'un des symboles de la fin de Dieu et du basculement dans l'âge de la raison et du progrès. Les « platistes[2] » sont ceux qui croient que la Terre est plate. Ils seraient près d'un Français sur dix, selon une enquête menée par l'IFOP en 2019. Ailleurs dans le monde, certains

1. Dans sa « Lettre aux camarades », du 17 [30] octobre 1917.
2. La Flat Earth Society a été créée aux États-Unis en 1956. Le nombre de ses adeptes s'élèverait à douze millions de personnes outre-Atlantique.

« platistes » conseillent même des chefs d'État, tel l'astrologue Olavo de Carvalho, gourou de l'ancien président brésilien Bolsonaro, qui a lui-même publiquement envisagé une telle « hypothèse ». Ils ne sont que la partie folklorique d'un courant de plus en plus puissant contre le rationalisme. Ils sont aussi une de ses manifestations le plus spectaculaires, illustrant une dimension inquiétante du chaos.

Quelle accélération depuis qu'en 2005, il y a moins de vingt ans, Antoine Compagnon publiait un ouvrage intitulé *Les Antimodernes. De Joseph de Maistre à Roland Barthes*[1] ! À l'époque, ce courant de défiance à l'égard des Lumières était très minoritaire. Les valeurs de progrès et d'universalisme restaient dominantes. Désormais, la critique de cette philosophie est présente partout. Puisque le « cercle de la raison » est désormais associé à l'entre-soi égoïste des dominants, tout est permis… À commencer par la propagande complotiste, révisionniste, anti-scientiste…

Ce relativisme forcené s'oppose au « monopole du vrai » que détient la science. Dans un essai publié en 2020, le philosophe des sciences Étienne Klein écrit en exergue : « La philosophie des Lumières défendait l'idée que la souveraineté d'un peuple libre se heurte à une limite, celle de la vérité, sur laquelle elle ne saurait avoir de prise[2]. » Il cite ensuite David Hume qui affirmait en 1742 : « Même si le genre humain tout entier concluait de manière définitive que le Soleil se meut et que la Terre demeure en repos, en dépit de ces

1. Antoine Compagnon, *Les Antimodernes. De Joseph de Maistre à Roland Barthes*, Gallimard, 2005.
2. Étienne Klein, *Le Goût du vrai*, coll. Tracts, Gallimard, 2020.

raisonnements, le Soleil ne bougerait pas d'un pouce de sa place et ces conclusions resteraient fausses et erronées à jamais[1]. » Les vérités scientifiques ne peuvent être remises en cause ou être soumises à un vote. Or aujourd'hui, tout le monde a un avis sur tout et chacun « sait », reléguant la science à une croyance parmi d'autres.

Le scientisme est vu comme un outil de domination sur la nature et sur le monde, au travers de l'industrialisation, de la chimie, de la technologie, des vaccins. Dès le milieu des années 2000, l'historien Zeev Sternhell a mis en évidence l'émergence de cette « révolte contre les Lumières[2] ». Il évoque le retour des mythes anciens, l'engouement pour les gestes sorciers, la voyance, la chiromancie, l'ésotérisme, etc. Bref, une nostalgie du Moyen Âge, avec ses troubadours, ses tournois, ses fêtes de village, tous ces clichés romantiques, toute cette nostalgie propre à la réaction contre-révolutionnaire du XIXe et du début du XXe siècle. Dans ce rapport mystique à la nature, à l'émotion, au merveilleux, on retrouve d'ailleurs là encore ce qu'exaltait la littérature romantique allemande – l'âme germanique éternelle, pleine de vitalité et éprise de traditions – qu'on opposait au rationalisme français : la nature opposée à la raison, l'intuition contre la science…

Sous couvert de radicalité, les arguments des anti-rationalistes sont exactement les mêmes que ceux des penseurs les plus réactionnaires, comme l'Irlandais Edmund Burke (1729-1797) ou le Français Louis de Bonald (1754-1840), pour qui la raison n'existe

1. David Hume, *Le Sceptique*, 1742.

2. Zeev Sternhell, *Les Anti-Lumières. Du* XVIIIe *siècle à la guerre froide*, Fayard, 2006.

pas et qui voient les droits de l'Homme comme le produit d'un rationalisme abstrait et niveleur. Pour eux, la science, l'optimisme, le rationalisme doivent être balayés au profit de la tradition et d'une morale vitaliste et anti-progressiste. Ces mêmes réactionnaires se sont opposés aux idées de la Révolution française et à la Déclaration des droits de l'homme et du citoyen, au suffrage universel puis à l'État-providence. Les lanceurs d'alerte autoproclamés d'aujourd'hui veulent faire table rase de l'industrie, de la technologie, de la science au nom des dominés de la société contemporaine. Ils glissent sur une pente dangereuse.

*

La dernière étape de cette fracture de la société est la volonté de certains d'interdire à d'autres de s'exprimer et de débattre de certains sujets. La « *cancel culture* », ou culture de l'annulation, consiste à faire taire tous les points de vue dissonants ou indésirables plutôt que de les affronter.

Particulièrement choquante dans une enceinte académique, cette chasse aux sorcières vient des campus américains, où le relativisme sévit depuis longtemps et où l'élection de Donald Trump avait levé les dernières inhibitions. La demande de « *safe spaces* », d'espaces sécurisés, sortes de bulles dans lesquelles les minorités se retrouvent seules entre elles, se fait de plus en plus pressante. Tel cours de littérature doit revoir son sommaire pour l'expurger du classique *Ne tirez pas sur l'oiseau moqueur* (*To Kill a Mockingbird*, de Harper Lee), publié en 1960, parce que le terme « *nigger* » est utilisé. Tel programme d'histoire de l'art n'enseigne pas la peinture de la Renaissance parce qu'aucun des tableaux étudiés ne contient de « minorités visibles ». Le déboulonnage de statues bat son plein. Aujourd'hui celle de Christophe Colomb, demain les sites mayas bâtis par des prisonniers traités avec une grande cruauté ? Et après-demain les pyramides de Gizeh, construites par des ouvriers réduits à l'état d'esclavage ? Dans cette frénésie de la suppression, de l'effacement, des amis du genre humain ont même éprouvé du plaisir, et peut-être de la fierté, en arrachant à Fort-de-France une plaque de la rue Victor-Hugo, ignorant que sa première œuvre, *Bug-Jargal*, écrite à seize ans, est anti-esclavagiste.

Mais le comble de la tartufferie et de l'obscurantisme réunis a peut-être été atteint par l'Unesco à l'occasion des Journées européennes du patrimoine en septembre 2019. L'artiste plasticien Stéphane Simon avait été invité de longue date à exposer au siège de l'institution internationale, à Paris, ses sculptures inspirées de la statuaire grecque, chacune traduisant un des gestes les plus partagés au monde : les selfies. Stéphane Simon voulait ainsi rendre hommage à ce que l'Homme a d'universel, tant par le choix de la statuaire que par celui du thème véhiculé. Ses statues, qui avaient été exposées sans aucun problème dans de nombreux lieux publics, en a posé toutefois un de dernière minute : c'étaient des nus ! Et l'Unesco d'exiger qu'elles fussent pourvues d'un cache-sexe pour « ne pas heurter certaines sensibilités ». Faudra-t-il demain, pour « ne pas heurter certaines sensibilités », emmailloter la statue de David par Michel-Ange, ou recouvrir, dans les musées, les femmes nues de Rubens ou d'Ingres ? Renoncer, donc, à l'universel et à ses représentations, comme les talibans ont dynamité les bouddhas de Bâmiyân en 2001 ?

Décortiquer pendant des heures sa propre identité jusqu'à déclarer la guerre contre tous les autres est une activité qui ne cesse de gagner du terrain. Ceux qui la pratiquent assurent, la main sur le cœur, qu'il s'agit là du seul moyen d'assurer sécurité et égalité aux minorités. Cette dérive durcit les identités au lieu d'avancer vers plus de justice. De plus, le combat pour la diversité sert à masquer le renoncement au combat pour l'égalité, autrement plus exigeant. Dans cet univers virtuellement totalitaire, où le débat et la controverse académique sont confisqués, on prend la parole uniquement pour faire taire les autres, ou au moins pour délégitimer leurs positions. Au nom du bien, comme il se doit. Un enfer pavé de bonnes intentions.

« L'appropriation culturelle », que l'*Oxford English Dictionary* définit comme « la reprise de formes, de thèmes ou de pratiques par un groupe culturel au détriment d'un autre », est une autre arme de guerre contre l'universalisme. L'appartenance à une tribu (ethnique, culturelle, linguistique, sexuelle) accorde le droit monopolistique d'utiliser certains objets culturels ou références, et l'interdit à ceux qui n'en font pas partie. On peut, bien sûr, comprendre la dénonciation de l'appropriation si l'on s'en tient à sa définition première, à savoir la volonté d'exploiter et de dominer, mais le débat se perd complètement lorsqu'on en voit partout. Car cette dérive conduit à interdire l'emprunt et le métissage. À nouveau, le communautarisme flirte avec le nationalisme et tous ses avatars. À nouveau, Herder se substitue aux philosophes des Lumières et impose l'authenticité au détriment de l'humanisme.

Les inquisiteurs autoproclamés de l'appropriation culturelle fonctionnent à l'image des intégristes qui veulent garder le monopole de la représentation de la foi, et qui préfèrent interdire et stériliser que créer à leur tour.

Ce courant est d'autant plus fort que notre société a placé le statut de victime tout en haut du podium. Même si c'est pour de bonnes raisons – protéger les plus faibles, empêcher les abus de position dominante, inverser le rapport de forces –, il n'en demeure pas moins que la victimisation tend à faire taire d'autres voix, et pas nécessairement celles des dominants. Elle laisse le champ libre aux opportunistes avides de notoriété, prêts à réagir sur tout, à s'agacer de tout, à hurler contre tout, sans modération. Deux conceptions de la lutte, essentielle, contre le sexisme, le racisme et toutes les oppressions s'opposent donc : ceux qui réclament l'égalité de traitement au nom de l'universel, et ceux qui revendiquent un traitement particulier au nom de l'identité.

L'universaliste, comme le professait la philosophie des Lumières, souhaite lutter contre les préjugés et laisser à chacun le droit de s'épanouir individuellement, sans assignation ni discrimination. Il ou elle souhaite donner la possibilité de s'autodéterminer. C'est un ou une adepte de la transgression des genres, un militant ou une militante du métissage. Il ou elle revendique le droit à l'indifférence. Il ou elle refuse d'être enfermé(e) dans une case et d'être bloqué(e) par un plafond de verre en raison de son apparence, de son origine ou de son genre.

L'identitaire arrive tout droit des États-Unis. Et tente de s'imposer en Europe, particulièrement en France. Mais nous n'avons ni la même histoire ni la même culture, nous ne faisons face ni aux mêmes difficultés ni aux mêmes défis. La référence à la race et à l'ethnicité semble indépassable là-bas. Elle n'est pas souhaitable ici. Le mot « race » renvoie à la croyance qu'il y aurait des groupes d'hommes différents, et que ces différences seraient plus fortes que ce qui les rassemble.

Cette vision séparatiste de l'identité conduit, de fait, à interdire le métissage, que le romancier et poète martiniquais Édouard Glissant définissait comme « le monde qu'on partage, le monde où les différences sont acceptées[1] ». Et il avait précisé ailleurs : « J'appelle créolisation la rencontre, l'interférence, le choc, les harmonies et les disharmonies entre les cultures[2]. » Au cœur du métissage, se trouve donc la « relation », une façon d'être au monde qui permet à la rencontre, par la relation à l'autre, d'ouvrir un nouvel horizon des possibles et des diversités, et qui produit de l'inattendu. Le paradoxe, une nouvelle fois, est que les communautés qui se replient sur elles-mêmes sont à l'image de l'oppresseur qu'elles dénoncent, le dominateur blanc. Comme le souligne Édouard Glissant, ce dont l'oppresseur a peur fondamentalement, c'est le métissage et les « mélodies du monde » dans toute leur diversité. Ce à quoi, moi, j'aspire, il le craint, à savoir une culture ouverte dans laquelle la diversité permet de se rassembler, dans laquelle la disharmonie, le désordre, le choc des contraires deviennent créateurs. C'est une manière de se transformer de façon continue sans se perdre.

Édouard Glissant donnait notamment l'exemple de la musique et du jazz, « un inattendu créolisé ». En quelques décennies, des populations opprimées,

1. Propos tenu par Édouard Glissant au Salon du livre de Paris 2010.
2. Édouard Glissant, *Traité du Tout-Monde, Poétique IV*, Gallimard, 1997, p. 116.

esclavagisées, ont su créer des musiques joyeuses, profondes, nouvelles, universelles comme le jazz et le blues. Beaucoup de musiques caribéennes, ou antillaises comme le merengue, viennent d'un mélange – un métissage – de la musique de quadrille européenne et des fondamentaux africains – les percussions, les chants de transe. Il appelait ainsi à changer notre relation à l'autre et à construire une identité instable, mouvante, créatrice, fragile, au carrefour de soi et des autres, une « identité-relation ».

Il est difficile, voire impossible pour certains, de s'ouvrir et d'accepter de remettre en cause l'unité de leur identité. La peur les conduit à rejeter l'étrangeté, associée à une langue, une nation ou une communauté. Mais toute identité fixe est réductrice et conduit au repli sur soi. Au lieu d'effacer les catégories, elle les conforte.

Le refus du débat et la culture de la censure forment un nouvel obscurantisme. Ils reflètent l'opposition entre le différentialisme et l'universalisme. L'un repose sur l'idée que, pour lutter contre une inégalité, il faut affirmer la spécificité de la minorité discriminée ou opprimée plutôt que de revendiquer la suspension de la différence à l'origine de cette inégalité. Il consiste donc à affirmer les différences afin de dénoncer les discriminations. L'autre appelle au contraire à la suspension des différences au profit de ce qui nous est commun et nous rassemble. C'est viser la suspension des différences à travers la dénonciation des inégalités, quelles que soient leurs origines. C'est une invitation à l'ouverture et au métissage.

3

L'effondrement démocratique

À l'été 1989, le philosophe américain Francis Fukuyama publie « The End of History? » (« La fin de l'histoire ? »), un article – transformé en livre trois ans plus tard[1] – dans lequel il considère que les combats menés au fil des siècles pour défendre des idéologies n'ont plus lieu d'être. La démocratie libérale sera désormais hégémonique et aura triomphé de tous les autres systèmes politiques. Quand Francis Fukuyama écrit son article, le mur de Berlin n'est pas encore tombé, mais la perestroïka lancée par Mikhaïl Gorbatchev est déjà à l'œuvre en Union soviétique. Ce grand mouvement réformateur sonne le glas de la guerre froide qui pèse sur les relations internationales depuis plus de quarante ans. Aux États-Unis, comme dans le reste du « monde libre », la pensée dominante semble l'avoir définitivement emporté. Cet ouvrage, qui connaît un immense succès, est en réalité le symptôme intellectuel d'une non moins immense illusion collective.

Les opinions publiques occidentales ont eu brièvement l'occasion de rêver à la « fin de l'Histoire »,

1. Francis Fukuyama, *The End of History and the Last Man*, Free Press, 1992 ; trad. Denis-Armand Canal : *La Fin de l'histoire et le Dernier Homme*, Flammarion, 1992.

à un monde débarrassé de ses vieux conflits et de ses affrontements idéologiques. Cette vision irénique de la globalisation a été développée par un éditorialiste du *New York Times*, Thomas Friedman, dans un livre intitulé *La Terre est plate. Une brève histoire du XXIe siècle*[1]. Rien à voir avec les « platistes ». Paru en 2005, cet ouvrage glorifie la mondialisation et représente le monde comme un terrain de sport, parfaitement plat, où tous les acteurs bénéficieraient des mêmes opportunités économiques et sociales. Sa trame résulte d'un voyage de l'auteur à Bangalore, en Inde, qui lui aurait fait prendre conscience de la réalité de la globalisation. À travers des exemples de sous-traitance en Chine ou en Inde, il raconte comment les chaînes de fabrication d'un produit ou d'un service impliquent de nombreux acteurs répartis sur différents continents ; il en déduit une théorie de la « paix capitaliste », reposant sur l'intégration du plus grand nombre dans un univers mondialisé à la fois compétitif et coopératif.

L'illusion d'une mondialisation heureuse s'est depuis dissipée. Le monde a connu plusieurs réveils brutaux, trois coups de tonnerre, qui sont venus lui rappeler qu'il n'est pas plat, mais qu'il présente au contraire beaucoup de relief et d'aspérités, des cimes et des abîmes, des sommets mais aussi des gouffres. Le premier de ces coups de tonnerre a été économique, avec la remise en cause du capitalisme libéral tel que nous le connaissons. La crise des subprimes, partie des États-Unis en 2007 pour contaminer la planète financière dans son ensemble, a rappelé à tous, et douloureusement

1. *The World Is Flat: A Brief History of the Twenty-First Century*, FSG, 2005 ; trad. Laurent Bury, Saint-Simon, 2006.

aux plus démunis, que la « paix capitaliste » n'est pas un état naturel. La « main invisible » d'Adam Smith n'existe pas, les marchés financiers laissés à eux-mêmes ne s'autorégulent pas, mais s'autodétruisent.

Le second coup de tonnerre a été le retour de la guerre, conventionnelle avec l'invasion russe en Ukraine en 2022, et non conventionnelle avec l'émergence de Daech et l'horreur suscitée par sa barbarie à partir de la fin des années 2000. Quelles que soient ses défaites, la menace que le terrorisme continue de faire peser sur les démocraties libérales est inédite. Daech a renouvelé profondément notre perception de la guerre et des organisations terroristes. Il s'agissait d'une guerre asymétrique, qui a rendu floue la frontière entre combattants et civils, et qui a ouvert une ère sécuritaire bouleversant le fonctionnement même de nos sociétés démocratiques.

Enfin, le troisième coup de tonnerre a été la crise du Covid en 2020, qui a mis en évidence la capacité du monde à se morceler en quelques semaines sous l'effet d'une menace mortelle répandant la terreur mais ne relevant en rien d'un ennemi, d'un pays ou d'une organisation.

Ces bouleversements apparaissent d'autant plus inquiétants qu'ils interviennent dans un contexte marqué par l'effondrement du multilatéralisme. Les grandes organisations internationales nées de la Seconde Guerre mondiale assistent impuissantes, comme paralysées, à ces ruptures. Au moment même où le besoin de coordination internationale n'a jamais été aussi grand, l'ONU, le FMI, l'OMS, l'OMC sont absents des crises en cours. C'est un nouveau désordre mondial qui s'instaure, celui d'un monde sans loi.

Pour dramatiques et anxiogènes qu'elles soient, ces pressions ne sont pas les seules qui s'exercent sur les démocraties occidentales. Est en cause aujourd'hui la survie même de ces modèles politiques qu'on croyait éternels.

La thèse centrale de Francis Fukuyama, selon lequel les démocraties occidentales, avec leur équilibre subtil entre liberté et égalité, représentaient un modèle indépassable, tandis que la mondialisation permettait une diffusion de ce système à travers le monde conduisant à un apaisement des tensions internationales, était déjà fragilisée par l'influence grandissante de régimes autoritaires tels qu'ils fleurissent en Chine, en Russie ou ailleurs. Le Brexit et l'élection de Donald Trump, en attendant d'autres catastrophes populistes ailleurs, ont précipité le mouvement.

Deux chercheurs en sciences politiques américains, Roberto Foa et Yasha Mounk, ont évoqué à l'été 2016, dans un article remarqué et provocateur, « la déconnexion démocratique » qui menace des sociétés que l'on croyait pourtant promises à un avenir stable et sans surprise[1]. Au cours des dernières décennies, la crédibilité d'institutions telles que la représentation parlementaire ou la justice a décliné rapidement, l'identification et l'adhésion à des partis politiques se sont réduites, la participation électorale a baissé continûment. Les électeurs sont de plus en plus enclins à soutenir des candidats populistes ou des partis « antisystème ». Partout, même dans les régions les plus riches et politiquement les plus stables du monde, la démocratie semble sérieusement endommagée et à risque.

1. Roberto Stefan Foa et Yascha Mounk, « The Danger of Deconsolidation: The Democratic Disconnect, Journal of Democracy », *Journal of Democracy*, vol. 27, n° 3, juillet 2016.

Pour asseoir leur constat, les auteurs se fondent sur les données du World Values Survey, un projet international d'enquête sur les valeurs et les croyances créé en 1981 par des sociologues et des politologues. Les jeunes générations sont les plus critiques et les moins déférentes envers les élites. Les moins de trente-cinq ans sont ainsi de loin les plus nombreux – 80 % contre 20 % parmi la classe d'âge née dans les années trente – à ne pas considérer comme « essentiel » de vivre dans un pays gouverné démocratiquement. De façon symétrique, la proportion de ceux qui considèrent que la démocratie est un « mauvais » ou un « très mauvais » système de gouvernement est passée de 12 à 23 % aux États-Unis entre 1995 et 2011, et de 5 à 10 % en Europe durant la même période. Plus les personnes interrogées sont jeunes, plus elles sont nombreuses à fournir une telle réponse.

Plus inquiétant encore, le pourcentage de la population américaine et européenne qui souhaite l'instauration d'un régime autoritaire ne cesse d'augmenter. En 1995, aux États-Unis, une personne sur seize considérait favorablement l'hypothèse où l'armée prendrait le pouvoir, un des marqueurs les plus caricaturaux de la dictature. En 2014, ce ratio a presque triplé, puisqu'un Américain sur six considère cette perspective avec bienveillance. La montée de ce sentiment antidémocratique outre-Atlantique est particulièrement perceptible chez ceux qui disposent des plus hauts revenus. Ce constat contre-intuitif est pourtant confirmé par d'autres enquêtes d'opinion menées par World Values Survey sur l'appréciation favorable d'un dirigeant « fort » qui n'aurait pas à « se préoccuper du Parlement ou des élections » : moins de 20 % en 1995, près de 35 % aujourd'hui.

Cette montée du sentiment antidémocratique dans les démocraties les plus anciennes pose la question de leur solidité et de leur pérennité. La force d'une démocratie dépend de trois facteurs, expliquent Foa et Mounk : l'intensité du degré de soutien populaire à cette forme de gouvernement ; le caractère marginal des partis antisystème ; l'acceptation des règles démocratiques par le plus grand nombre. Les deux experts insistent, en conclusion, sur le péril qui menace des institutions que l'on croit inébranlables :

> Dans un monde où la plupart des citoyens soutiennent la démocratie avec ferveur, où les partis « antisystème » sont marginaux ou inexistants, et où la majeure partie des forces politiques respectent les règles du jeu, un effondrement est extrêmement improbable. Il n'est cependant plus certain que ce soit encore le monde dans lequel nous vivons.

Que s'est-il donc passé ?

*

Le premier facteur d'explication est le recul de l'État. Partout, dans tous les pays, le pouvoir, la notion même de ce qu'il représente, de ce qu'il permet, de ce qu'il fait et peut faire, se désintègre. Chercheur au Carnegie Endowment for International Peace et ancien rédacteur en chef de *Foreign Policy*, Moisés Naím analyse, dans son livre *The End of Power*[1] (« La fin du pouvoir »),

1. Moisés Naím, *The End of Power: From Boardrooms to Battlefields and Churches to States, Why Being in Charge Isn't What It Used to Be*, Basic Books, 2013.

ce phénomène qui touche les États, mais aussi plus largement toutes les grandes organisations publiques.

Sur le terrain politique, l'impuissance publique n'est pas une maladie nouvelle. Ses premiers symptômes remontent à la fin des années soixante-dix et aux chocs pétroliers. « L'État ne peut pas tout » : cette fameuse petite phrase de Lionel Jospin, prononcée en 2000 pour expliquer l'inaction du gouvernement face à des licenciements prévus chez Michelin, a sonné le glas d'une certaine vision des droits et des devoirs de la puissance publique à l'égard des grands acteurs économiques. Depuis le début des années quatre-vingt, l'État s'est volontairement débarrassé des outils de sa puissance. Le discours sur le « moins d'État » ou sur « l'État minimum », jusque-là plutôt réservé à la droite, s'est généralisé. L'État a de lui-même réduit son champ de compétences par des vagues successives de privatisations et de déréglementations, aveuglé par deux idées fausses : l'une selon laquelle toute activité économique, même régalienne, doit reposer sur un actionnariat privé, et l'autre selon laquelle les acteurs de marché peuvent s'autoréguler. Il a, ce faisant, assumé son impuissance et réduit sa capacité d'intervention dans l'économie. Il a abandonné des pans entiers de responsabilité et s'est délesté d'une partie de plus en plus importante de ses prérogatives sur des autorités administratives indépendantes. Un abandon paré en apparence de toutes les vertus, puisque ces institutions du troisième type ne sont pas, au moins sur le papier, subordonnées au pouvoir politique. Mais c'est bien le problème ! Ces institutions qui échappent à tout contrôle, précisément parce qu'elles sont indépendantes, ont proliféré au fil des ans et se sont arrogé des pouvoirs de plus en plus larges, comme ceux de juger, d'infliger des amendes, d'empêcher des rapprochements industriels, de décider de ce que les citoyens doivent savoir ou ignorer, etc. Dans un mélange de naïveté et de désinvolture, l'État a ainsi créé des entités qui empiètent sur ses propres prérogatives. Enfin, l'État a parfois renoncé à exercer des attributs essentiels de souveraineté, comme la politique monétaire, abandonnant ainsi un instrument central de politique économique à une institution, la banque centrale, désormais indépendante et responsable devant rien ni personne. La politique monétaire, le pouvoir de battre monnaie, ainsi que la politique de change lui échappent désormais, alors qu'au même moment la politique budgétaire est de plus en plus inefficace et soumise elle-même à des règles arbitraires et sans fondements, à l'image des critères dits de Maastricht sur les finances publiques.

Par ces renoncements multiples, l'État a tourné le dos à une vision active et volontariste de l'économie. Les bras ballants, il observe sa propre impuissance : impuissance à mener une politique économique efficace et à assurer une répartition des revenus plus égalitaire, impuissance à défendre l'industrie et à offrir aux territoires en souffrance un autre avenir que le chômage, impuissance à protéger nos actifs et à garantir la pérennité de secteurs stratégiques essentiels. Cette impuissance repose sur un mélange d'incompétence et d'irresponsabilité, c'est la « règle des trois *i* ». Elle contribue à la désaffection civique : pourquoi respecter un État incapable de remplir son rôle et d'exercer les pouvoirs qui sont les siens ? Cause ou conséquence de cette faillite, nombre de ceux qui se destinaient à la haute fonction publique et à la vie politique ont préféré déserter au profit du secteur privé. Servir un État sans boussole et qui se réduit comme peau de chagrin n'a plus de sens.

*

Le second facteur d'explication est la trahison des élites, une nouvelle forme de « trahison des clercs », pour reprendre le titre du livre de Julien Benda publié en 1927 et qui fustigeait la capitulation des intellectuels français et leur incapacité à défendre les valeurs démocratiques. Les élites économiques, médiatiques et politiques ont souvent donné le sentiment de trahir leurs devoirs et leurs engagements. Ils l'ont fait avec une telle constance au cours des dernières décennies qu'il ne faut pas s'étonner de leur divorce avec l'opinion publique. Bien sûr, ces trahisons ne sont le fait que de quelques-uns, et toute généralisation serait abusive et dangereuse, mais la perception s'est imposée comme la réalité.

Les élites économiques, tout d'abord, ont parfois fait passer leurs intérêts personnels, égoïstes, devant ceux des entreprises qu'elles dirigent ou du pays dont elles portent les couleurs. Cela commence par leur mode de gestion, le fait de préférer le court terme au temps long, la performance boursière immédiate au développement d'une stratégie soutenable dans la durée. Les modalités de rémunération de ces dirigeants, payés notamment en actions de l'entreprise, en sont le principal facteur d'explication : elles les conduisent à privilégier avant toute chose la hausse du cours de ces actions pour maximiser leurs propres revenus et leur patrimoine. Ajoutons que la performance boursière est parfois elle-même un élément de la détermination de la rémunération : plus le cours de l'action monte, plus le gain est élevé. Cela crée un cercle vicieux, où la performance en bourse devient la mesure de toute chose. Les dirigeants d'entreprises deviennent alors responsables de la « création de valeur boursière » et non du développement de leur entreprise. Leurs intérêts convergent avec ceux des actionnaires, mais s'éloignent de ceux de leurs salariés et du pays.

C'est la raison pour laquelle – immense aberration ! – certaines entreprises annoncent des licenciements, ou n'augmentent pas les salaires, au moment même où leurs profits s'accroissent considérablement. C'est le choix de la cupidité, guidé par des motifs financiers personnels. Non seulement il introduit un biais dans la gestion de l'entreprise, mais il conduit à une perte de cohésion interne, en accentuant très fortement les inégalités salariales. Les dirigeants de grands groupes ont parfois aussi abdiqué tout sens patriotique, vendant leurs entreprises à des groupes étrangers, ou fusionnant avec eux sans états d'âme. Les exemples sont nombreux ces dernières années de fleurons français passés sous contrôle étranger : le champion tricolore de l'emballage et de l'aluminium Pechiney, vendu au canadien Alcan en 2003, le sidérurgiste européen Arcelor, acheté par le géant indien Mittal au terme d'une OPA hostile en 2006, les activités énergétiques d'Alstom, cédées à l'américain General Electric en 2014, le spécialiste des équipements télécoms Alcatel, abandonné à Nokia en 2015, etc.

Ce sont des pans entiers d'activités stratégiques vendus à des groupes étrangers, avec parfois pour seule ou principale raison l'intérêt financier des dirigeants ou des propriétaires, qui empochent ainsi bonus, attributions d'actions, parachutes dorés ou avantages de défiscalisations... Comment comprendre autrement la fusion, en 2015, entre les champions français et helvétique du ciment Lafarge et Holcim conduisant à une délocalisation en Suisse du nouveau groupe ? ou la fusion présentée comme « entre égaux », en 2017, entre Technip, un champion de l'ingénierie pétrolière, et le texan FMC Technologies, pourtant deux fois plus petit que lui, mais qui a entraîné la délocalisation du nouveau groupe au Texas ?

C'est oublier qu'une entreprise, même globale, a une nationalité, et que son lieu d'implantation est déterminant en matière d'influence, de création de richesse et d'emplois pour son pays. Cette nationalité est fonction de nombreux éléments, comme la localisation du siège social, des centres de production et de recherche, la nationalité des dirigeants, la composition de l'actionnariat, éléments difficiles à pondérer entre eux, mais qui déterminent finalement un centre de gravité. C'est l'emplacement de ce centre de gravité qui fonde la nationalité de l'entreprise et qui est un enjeu essentiel de souveraineté.

Ces dérives ne sont pas le fait des seules élites économiques. Les élites médiatiques ne sont pas en reste. Le journalisme est bien plus qu'une profession, c'est un engagement exigeant, encadré par des règles déontologiques et d'éthique : le droit de savoir, le devoir d'informer, l'intérêt public, l'indépendance à l'égard de tous pouvoirs, le respect de la vie privée, la protection des sources, etc. Ces règles ont pour objectif la recherche de la vérité, c'est-à-dire l'intention de ne pas tromper celui qui reçoit l'information, et donnent une responsabilité sociale particulière aux journalistes. Ils ne doivent pas calomnier, accuser sans preuve, ou encore déformer des faits. Ils doivent être indépendants et ne pas être payés, d'une quelconque façon, par ceux qui voudraient profiter de leur qualité de journaliste et de leurs médias. C'est le fondement de leur légitimité et la condition de leur crédibilité. Or il n'est pas étonnant qu'une part croissante de l'opinion ne leur fasse plus confiance, nourrissant ainsi le scepticisme et le complotisme. Les dérives de certains oscillent du recopiage paresseux de rumeurs ou d'informations déjà publiées au militantisme et à la connivence, en passant par le règlement de comptes, pour le leur ou pour autrui. S'y ajoutent la reproduction à l'infini des mêmes déclarations, et parfois des mêmes inexactitudes et erreurs, reprises comme dans une mise en abîme, l'absence de vérifications sérieuses, la peopolisation, la recherche de sensationnalisme, la dictature de l'émotion, la perte de neutralité, les enquêtes à charge, la dépendance envers la communication d'agences publiques et privées dont l'objectif premier est de tordre et d'instrumentaliser les faits, l'entre-soi, la confusion entre information et humour dans des émissions de télévision ou de radio supposées sérieuses… Réalisé chaque année par l'institut d'études Kantar et publié par le journal *La Croix*, le « Baromètre de confiance des Français dans les médias » fait apparaître une tendance de long terme, un désintérêt croissant des sondés envers l'actualité et une augmentation de la méfiance envers les médias. 56 % des personnes interrogées estiment que les médias ne fournissent pas des informations fiables et vérifiées et 62 % des sondés considèrent que les journalistes ne sont pas indépendants du pouvoir politique.

Autre entorse aux principes : le fait que la liberté de la presse prime désormais, dans les faits, sur la présomption d'innocence. La violation continue du secret de l'instruction montre l'association malsaine de deux pouvoirs – le judiciaire et le médiatique – qui, dans une démocratie, devraient au contraire se contrebalancer et s'équilibrer. Ces fuites, organisées le plus souvent par les juges, et qui s'ajoutent à leur engagement de plus en plus fréquent dans le champ politique, contribuent également à cette trahison et à cette désacralisation des élites. L'absence réelle ou ressentie de sources d'informations fiables et objectives conduit à l'essor de moyens alternatifs de communication par les réseaux sociaux, à la polarisation de la société et à une perte générale de repères. Ces dérives sont enfin accentuées par la concentration de la propriété de la presse et des médias entre les mains de quelques milliardaires. Il y a de moins en moins de médias indépendants, et il est devenu très difficile de les financer de manière pérenne. Conséquence : des médias biaisés, influencés, militants et subissant le poids et le bon vouloir de leurs propriétaires. Or, c'est oublier que le pluralisme de l'information est une condition indispensable au bon fonctionnement démocratique.

Trahison des élites politiques enfin, qui vient nourrir leur délégitimation et leur perte de crédibilité sans précédent. Incompétence, mais aussi irresponsabilité, quand, au sommet de l'État, on nous promet de laver toujours plus blanc. Autant de présidents que de promesses non tenues. En 2007, c'était « une démocratie irréprochable », en 2012, une « République exemplaire », en 2017, une « grande loi de moralisation de la vie publique ». Et, à chaque fois, le même scénario. Des scandales invraisemblables, comme un ministre du

Budget coupable de fraude fiscale ou un ministre de la Justice soupçonné de prise illégale d'intérêts dans l'exercice de ses fonctions, un secrétaire général de l'Élysée reconnu coupable de détournement de fonds publics puis un autre soupçonné de prise illégale d'intérêts, un ancien président condamné pour financement illégal de campagne électorale… Des discours violents et clivants, de « casse-toi, pauvre con » aux « gens qui ne sont rien », en passant par les « fainéants et les cyniques » auxquels il ne faut rien lâcher. Des postures de monarque d'un temps passé, au Louvre ou à Versailles, symboles historiques de l'éloignement du pouvoir, de la division et des inégalités. Des chefs de l'État qui semblent jouir d'eux-mêmes, de leur position et de leur pouvoir, plutôt que se sentir au service du pays tout entier. C'est la malédiction des rois fainéants qui se poursuit… Ils ont renoncé à donner du souffle et de l'espoir, à créer de l'unité, à rassembler et à porter plus loin. Ils n'ont ni vision ni empathie. Ils sont tournés sur eux-mêmes, derniers représentants d'un ancien monde qui n'en finit plus de durer. Ils n'ont ni la volonté, ni le courage, ni l'imagination de faire de la crise une opportunité et d'inventer un nouveau monde.

Les citoyens qui ne se sentent plus représentés n'hésitent alors plus à élire des clowns, des vrais. Au Brésil, l'ancien président Bolsonaro avait été précédé en politique par quelques figures aussi tristement baroques que lui. Tiririca (littéralement « herbe de coco »), de son véritable nom Francisco Everardo Oliveira Silva, issu d'une famille très pauvre, commence une carrière de clown dans un cirque en 1973. Il a huit ans et travaille déjà depuis deux ans. Son succès ne se dément pas, et il devient ensuite un chanteur populaire, avant de faire carrière à la télévision comme humoriste. Il se lance en politique en 2010. Coiffé d'une perruque blonde et d'un chapeau rouge, arborant des vêtements bariolés, ne sachant ni lire ni écrire, il fait campagne avec des slogans des plus simplistes : « Vous ne savez pas ce que fait un député ? Moi non plus ! Alors élisez-moi et je vous raconterai », ou encore « Tiririca, pire y a pas ! » Avec plus d'un million d'électeurs conquis, c'est lui qui remporte le plus de voix à la députation fédérale. Ce triomphe d'un clown crée des émules. Deux ans plus tard, la campagne municipale voit émerger de nouveaux talents. Un Batman se promène dans les rues d'Uberlândia, une ville de près de sept cent mille habitants située entre São Paulo et Brasília dont il veut devenir le maire. D'autres « super-héros » font alors campagne dans d'autres villes brésiliennes, comme un MacGyver, un Wolverine ou un James Bond, chacun pouvant se présenter au Brésil sous le nom de son choix. Ce pays est-il une exception ? Pas le moins du monde !

La même année que Tiririca, un autre humoriste populaire démarre une carrière politique en Islande. Jón Gnarr devient maire de la capitale à la stupéfaction du personnel politique. Un tiers des Islandais habitent Reykjavik et un autre y travaille. Son maire est donc l'élu le plus important du pays après le Premier ministre. Ancien bassiste dans le groupe Nefrennsli (« Nez qui coule »), Jón Gnarr est un clown qui a fait fureur à la télévision après la crise de 2008. Il a créé le personnage d'un politicien démagogue promettant monts et merveilles et ne réalisant jamais rien. Puis il a fondé quelques mois avant les élections municipales, fin 2009, Besti Flokkurinn (« Le Meilleur Parti »), une parodie des formations politiques traditionnelles. Son programme était un mélange de propositions fantaisistes et anecdotiques, comme la construction d'un parc d'attractions sur l'emprise de l'aéroport local, la fourniture de serviettes gratuites dans toutes les piscines, l'acquisition d'un ours polaire par le zoo de Reykjavik, etc. Une fois élu, pendant quatre ans, celui qui a promis d'être un maire « amusant » marque surtout les esprits par ses sorties fantasques. Ce cas distrayant ne doit pas faire oublier des personnages aussi burlesques, mais beaucoup plus inquiétants.

Jimmy Morales a été pendant des années, avec son frère Sammy, le héros d'un spectacle télévisé bas de gamme, *Moralejas* (« Moralités »), où les discours racistes et homophobes étaient fréquents. Élu président du Guatemala en janvier 2016, ses alliés étaient d'anciens militaires impliqués dans les massacres d'Indiens durant les années soixante-dix et quatre-vingt, et sa philosophie tournait radicalement le dos au progressisme, étant favorable à la peine de mort pour les délinquants, opposé au mariage gay et à l'avortement. Mais son mandat a tourné au cauchemar, avec des accusations de malversations financières et d'agressions sexuelles. Ce qui n'est pas sans évoquer Donald Trump, ancienne star de téléréalité aux États-Unis…

L'Europe n'est pas en reste, et la liste s'allonge même, avec en 2018 l'arrivée en tête des législatives en Italie du Mouvement 5 étoiles, créé par l'humoriste Beppe Grillo, après une campagne jalonnée de journées dites « Vaffanculo » (« Va te faire foutre »). La même année, l'acteur comique Marjan Šarec, qui s'était illustré en imitant les présidents et Premiers ministres slovènes, devient Premier ministre de Slovénie[1]. En 2019, le

1. Il a démissionné de ses fonctions en mars 2020.

comédien Volodymyr Zelensky est élu président de l'Ukraine, un rôle qu'à son arrivée au pouvoir il connaît essentiellement pour l'avoir joué dans une série télévisée locale, *Serviteur du peuple*. Il sera l'exception qui confirme la règle. Décevant dans les premières années de son mandat, ce comédien se révèle cependant quand son pays est attaqué par la Russie. Orfèvre de la communication, il se met en scène en tenue militaire. Mais surtout, il fait tomber tous les préjugés qui entouraient son ascension politique controversée. Depuis Kiev, où il demeure malgré les risques, il fait montre d'un courage, d'une imagination et d'une détermination dont ne peuvent se prévaloir aucun de ses interlocuteurs, chefs d'État et de gouvernement qui apparaissent soudain bien pusillanimes comparés à lui.

En campagne, les amuseurs publics ont tous le même message : « Nous qui sommes à l'écoute du peuple, nous qui dénonçons la classe politique, nous qui l'avons observée à la loupe pour mieux la moquer, sommes les mieux placés pour "changer la vie" ». Ils se posent tous en promoteurs de la démocratie directe, pour le référendum et pour la suppression des corps intermédiaires. Ils incarnent l'apogée de la société du spectacle, dans laquelle le client est roi. La frontière s'estompe entre le divertissement et la politique, entre le virtuel et le réel. Dernier point commun : le programme de ces non-professionnels de la politique est souvent flou et difficile à classer, ni de droite ni de gauche, insaisissable car inexistant.

Cette « ronde des clowns » s'accompagne partout dans le monde du déclin des équilibres politiques séculaires et des partis majoritaires. Aux États-Unis, les républicains ont dû composer avec Donald Trump, qui menaçait les instances dirigeantes de se présenter en candidat indépendant s'il ne recevait pas l'investiture. En France, la fin du bipartisme brouille les repères. En Espagne, ce phénomène fait aussi des ravages, avec l'impossibilité pour le vainqueur des élections législatives de 2016, Mariano Rajoy, de créer un gouvernement de coalition stable, au point que l'Espagne est restée plusieurs années sans gouvernement, de novembre 2016 à avril 2019.

*

Au recul de l'État et à la trahison des élites, s'ajoute un troisième facteur d'effondrement démocratique : les multiples concurrences dans l'exercice même du pouvoir.

En effet, le pouvoir politique est concurrencé par toutes sortes d'organisations, dont, et avant tout, les grandes entreprises. Plusieurs groupes privés affichent ainsi une capitalisation boursière plus importante que le PIB de la plupart des pays siégeant à l'ONU. Les GAFAM (Google, Apple, Facebook, Amazon, Microsoft) représentaient en 2022 plus de cinq mille milliards de dollars de capitalisation boursière, soit de l'ordre de deux fois plus que le PIB de la France. À l'été 2022, comparée aux PIB nationaux, la capitalisation d'Apple l'aurait placée au dixième rang mondial des pays, juste derrière l'Italie et devant le Mexique. Celle de Microsoft au quinzième rang, et celle de Google (Alphabet) au dix-huitième.

Les caractéristiques de ces entreprises ? Elles sont internationales, ne connaissent pas de frontières et dépassent le cadre des États. Il n'est donc pas excessif de dire que ces groupes sont désormais aussi puissants, si ce n'est plus, que les États-nations. Elles seront demain en concurrence directe avec eux. Il y a déjà eu dans l'histoire quelques précédents d'entreprises en compétition contre les États par leur taille et leur ambition, comme la Compagnie britannique des Indes orientales à partir du XVIIe siècle. La Compagnie, qui avait le monopole du commerce avec l'Inde, y exerçait la souveraineté au nom du gouvernement anglais. Elle était autorisée à faire la guerre et disposait pour cela de sa propre armée, elle frappait de la monnaie, elle gérait ses propres tribunaux et ses prisons. Mais il s'agit là d'exceptions historiques, rapidement matées par les États. La Compagnie des Indes a ainsi fait l'objet de plusieurs lois visant à la réguler, puis d'une nationalisation en 1858.

Ce qui frappe aujourd'hui, c'est non seulement le nombre de ces giga-entreprises, leur taille et leur puissance tout à fait nouvelles, mais aussi leur prétention à intervenir dans de très nombreux domaines et leur ambition politique et sociale. Elles financent des universités, des programmes sociaux, ou encore négocient des accords internationaux sur l'environnement, et cherchent à influer autant que possible sur nos modes de vie. Google se veut ainsi omniprésent dans le secteur de la santé, notamment à travers sa filiale Google X, qui prétend mener d'importants programmes de recherche pour bloquer le vieillissement et « tuer la mort ». Meta se substitue parfois aux missions sociales des États, comme au Brésil avec le programme d'inclusion numérique Facebook na Comunidade qui vise à dispenser gratuitement des cours de programmation aux populations les plus pauvres et à animer des cours d'entrepreneuriat. Mais ces entreprises vont bien plus loin encore et empiètent sur la souveraineté même des États. Certaines, comme Meta, ont cherché à créer leur propre monnaie, s'arrogeant un pouvoir régalien, et échappant à toute régulation. Peter Thiel, cofondateur de PayPal, envisage de créer des îles artificielles dans les eaux internationales pour créer sa propre souveraineté, concurrente et indépendante de celle des États. Des sociétés de sécurité comme Blackwater, aux États-Unis, devenue Academi en 2011, ou le groupe russe Wagner, fondé en 2014, disposent littéralement d'armées privées et se déploient sur tous les théâtres de conflits depuis les années 2000.

Ces sociétés menacent et mettent directement en cause la souveraineté des États, et de ce point de vue, les rapports de force changent très vite. Apple n'a peur de personne, pas même du FBI. Après l'attentat meurtrier de San Bernardino, en Californie en décembre 2015, la firme de Cupertino a refusé à la police fédérale la possibilité d'accéder au contenu de l'iPhone du terroriste. Ce n'est que par ses propres moyens que le FBI est parvenu à pénétrer dans l'appareil, à la consternation du fabricant de téléphones.

Même sur le terrain militaire, les États sont des colosses aux pieds d'argile, victimes de conflits asymétriques dans lesquels de petits groupes de combattants (terroristes, insurgés, pirates, mercenaires, etc.) peuvent créer des dommages énormes, et même conquérir des territoires entiers. C'est la démonstration même de la fragilité des États et des risques qui pèsent sur eux. La meilleure illustration en a été Daech. Loin de n'être qu'un groupe terroriste, c'était une organisation en tous points comparable à celle d'un État, avec un territoire, une administration, une population, une armée, une économie reposant sur la vente de pétrole, d'antiquités et d'armes. Ce n'est pas tant sa propre force qui lui a permis une telle expansion, mais plutôt la faiblesse de ses adversaires, et en particulier de l'armée irakienne.

Ce phénomène des guerres asymétriques a d'ailleurs fait l'objet d'une étude conduite par Ivan Arreguín-Toft à la Kennedy School of Government de Harvard juste avant le 11 Septembre, étude qui analysait deux cent deux conflits de ce type dans le monde depuis 1800[1]. Ces confrontations, qui opposent des entités politiques dont les rapports entre la population et les forces armées sont supérieurs ou égaux à cinq, ne se terminent pas toujours comme on pourrait le croire. Non seulement le plus fort ne l'emporte que dans 71 % des cas en moyenne, mais son avantage comparatif n'a cessé de baisser. De 1800 à 1849, il gagnait dans plus de 88 % des situations, pourcentage qui s'est réduit à 79,5 % entre 1850 et 1899. Dans la première moitié du XXe siècle, le ratio tombe à 65 %, puis passe sous la barre fatidique des 50 % après 1950. Cette évolution s'explique par l'incomparabilité des intérêts entre les belligérants. Pour le faible, la guerre est totale et l'engagement absolu. Le fort, lui, a beaucoup à perdre dans une guerre lointaine que son opinion publique se met à critiquer dès que les inconvénients dépassent les objectifs espérés. De surcroît, les coûts engagés par les uns et les autres sont, eux aussi, toujours plus asymétriques. Al-Qaïda a investi environ cinq cent mille dollars pour le 11 Septembre, tandis que la riposte américaine, elle, a coûté plus de trois mille milliards de dollars.

1. Ivan Arreguín-Toft, « How the Weak Win Wars: A Theory of Asymmetric Conflict », *International Security*, vol. 26, nº 1, été 2001.

On le voit, les démocraties sont aujourd'hui menacées dans leur existence même à la fois par des facteurs internes – faiblesse des États, abandon des élites, décrédibilisation du personnel politique – et externes – concurrence d'organisations diverses qui menacent leur souveraineté. À ces causes s'ajoute un dernier élément, récent : le rejet de la règle du jeu démocratique et le refus de reconnaître le résultat d'élections pourtant valables au motif qu'elles auraient été truquées. Il n'y a pas de pire mal que celui-ci, et il marque le début de la fin d'un cycle démocratique. La reconnaissance du résultat des élections, l'acceptation de la règle majoritaire et de l'alternance, sont les fondements mêmes de nos démocraties. Si nous refusons ces règles du jeu, il n'y a plus de jeu possible, plus aucune légitimité qui vaille. Les seules alternatives sont alors la guerre civile ou la mise en place de régimes autoritaires.

*

Nous vivons la fin d'un monde. Notre société a perdu le sens de ce qui la fonde et des valeurs qui la portent. Elle ne se comprend plus elle-même, n'a plus d'aspirations et n'offre plus d'espoir. Elle est désormais incapable de répondre aux besoins et aux attentes de ses membres et de garantir des conditions de vie décentes. Ce monde ne nous rend pas heureux. Le lien social se disloque, la vie collective se dissout, l'intérêt individuel prime.

Le risque de cette situation, moment tragique par excellence, est majeur : c'est l'effondrement. Parce que tout est perdu, alors tout devient permis. Nous avons déjà la crise, nous aurons la guerre, guerre entre les civilisations, entre les pays, guerres sociales, civiles, etc. Et si nous échappons à la guerre, nous aurons le désordre et le chaos.

Nous ne vivons pas une crise soudaine, mais les conséquences de longues dérives et faillites, exprimées de manière visionnaire et brillante par Albert Caraco dans son *Bréviaire du chaos*[1]. Tout y est dit.

L'entrée dans un nouvel âge sombre :

– C'en est fait de cet optimisme, qui fut le lot de tant d'Européens et durant quatre siècles [...] La belle confiance de nos pères en un progrès sans limites, accompagnant une vie toujours plus humaine, s'est donc évanouie.

L'incompétence des dirigeants :

– Le monde, que nous habitons, est dur, froid, sombre, injuste et méthodique, ses gouvernants sont ou des imbéciles pathétiques ou de profonds scélérats, aucun n'est plus à la mesure de cet âge, nous sommes dépassés, que nous soyons petits ou grands, la légitimité paraît inconcevable et le pouvoir n'est qu'un pouvoir de fait, un pis-aller auquel on se résigne.

– Nos intellectuels ne savent que jouer et nos spirituels ne savent que mentir, aucun ne songe à repenser le monde.

L'illusion des fausses solutions :

– Nos pires ennemis [sont] ceux qui nous parlent d'espérance et nous annoncent un futur de joie et de lumière, de travail et de paix, où nos problèmes seront résolus et nos désirs comblés [...] Nous n'y gagnons que des idées fausses.

1. Albert Caraco, *Le Bréviaire du chaos*, L'Âge d'homme, 1982.

L'urgence d'agir, enfin :

– La farce est terminée, la tragédie commence.

– Nous allons au chaos, nous allons à la mort, nous préparons la catastrophe la plus énorme de toute l'Histoire, celle qui fermera l'Histoire.

– Car la prospérité des pays riches ne durera pas éternellement, au sein d'un monde qui s'enfonce en une misère absolue et comme il est trop tard pour l'en tirer, ils n'auront que le choix d'exterminer les pauvres ou d'être pauvres à leur tour.

– Nous entrons dans un avenir barbare et nous devons nous armer de sa barbarie, pour être à la mesure de sa démesure et résister à son incohérence.

Deuxième partie

Être soi

4

Construis-toi toi-même

Dans une telle société disloquée, sans repères, qui a perdu toute direction et tout sens, par où commencer pour reconstruire ? Par soi-même.

Pour pouvoir avoir une pensée centrifuge, dirigée vers le monde et vers les autres, je dois d'abord avoir une pensée centripète, descendre au fond de moi-même, retrouver ce qu'il y a en moi d'essentiel, comprendre ce qui me donne sens et qui fait de moi ce que je suis, découvrir ce que Kierkegaard appelait « ma vocation », ce que je dois faire de ma vie.

Pour dépasser le chaos et trouver en soi la lumière, il convient que chacun soit d'abord en paix avec lui-même, malgré ses fêlures et ses blessures, et retrouve le sens de ce qu'il est et de ce qu'il fait. C'est le préalable obligatoire à la réinvention d'un vivre-ensemble, d'un nouveau projet commun qui suscite l'adhésion et redonne l'espoir. Reprendre le contrôle de soi, être maître de soi, pour pouvoir ensuite s'investir pleinement dans la collectivité.

Cela commence par cesser d'attribuer l'entière responsabilité de son destin aux autres et par se prendre en main. Il ne s'agit surtout pas de nier les injustices dont chacun d'entre nous peut faire l'objet, mais de refuser qu'elles nous condamnent et nous enferment définitivement, et de reprendre la maîtrise de soi.

Nous vivons dans une société pleine de vanité et de narcissisme, dans laquelle l'individu est roi, mais un roi sans royaume. Nous errons dans un monde d'ultra-consommation, de désirs et de fantasmes, où jamais l'écart entre les aspirations et la réalité n'a été aussi grand. Les réseaux sociaux entretiennent une comparaison et une compétition entre tous, ils projettent une vie rêvée et inatteignable pour la plupart, nourrissant l'envie, la jalousie, la frustration, et parfois la haine.

Ce n'est pas nouveau. En 1736, Voltaire publie un long poème, *Le Mondain*, qui glorifie la consommation, le luxe et l'individualisme :

> Regrettera qui veut le bon vieux temps, / [...]
> Moi, je rends grâce à la nature sage
> Qui, pour mon bien, m'a fait naître en cet âge. / [...]
> Ce temps profane est tout fait pour mes mœurs.
> J'aime le luxe, et même la mollesse,
> Tous les plaisirs, les arts de toute espèce, / [...]
> Le superflu, chose très nécessaire,
> A réuni l'un et l'autre hémisphère.

Face à Voltaire se dessinait une contre-révolution menée par Rousseau, qui soulignait déjà que l'ostentation et la vanité rendent les hommes hypocrites et violents. Ce qui rend si contemporain le Rousseau du *Discours sur les sciences et les arts* de 1750, c'est sa description de la société moderne : un mélange d'envie et de jalousie – « L'astronomie est née de la superstition ; l'éloquence, de l'ambition, de la haine, de la flatterie, du mensonge ; la géométrie, de l'avarice ; la physique, d'une vaine curiosité ; toutes, et la morale même, de l'orgueil humain[1]. » Plus tard, Rousseau exposera d'ailleurs que l'amour de soi, innocent et désintéressé, s'oppose à l'amour-propre, égoïste et capricieux, qui résulte de la comparaison et de la compétition avec autrui :

> L'amour de soi, qui ne regarde qu'à nous, est content quand nos vrais besoins sont satisfaits ; mais l'amour-propre, qui se compare, n'est jamais content et ne saurait l'être ; parce que ce sentiment, en nous préférant aux autres, exige aussi que les autres nous préfèrent à eux ; ce qui est impossible. Voilà comment les passions douces et affectueuses naissent de l'amour de soi, et comment les passions haineuses et irascibles naissent de l'amour-propre[2].

Aujourd'hui, l'hyper-capitalisme et la révolution technologique, la transparence et l'immédiateté des réseaux sociaux ont exacerbé cet amour-propre. On se voit, on se compare, on se jalouse, on désire la même vie. Ce qui compte, c'est le nombre de « *likes* », le nombre de « *followers* », le nombre de « *retweets* ». Ce qui compte, c'est la recherche de statut, d'argent, de pouvoir. Il y a comme une obligation à présenter une image glorifiée et artificielle de soi-même, une obsession généralisée de l'autopromotion et de l'autoprojection. C'est le règne de l'individualisme. La vie collective est devenue une collection d'individus, centrés chacun sur ses seuls droits, ses seuls intérêts, ses seuls désirs… On se réfugie dans les réseaux sociaux pour fuir le

1. Jean-Jacques Rousseau, *Discours sur les sciences et les arts*, 1752, seconde partie.
2. *Id.*, *Émile, ou De l'éducation*, 1762, livre IV.

quotidien, les angoisses et les échecs. Mais certains d'entre eux, comme X ou 4Chan, sont devenus un exutoire, le lieu où exprimer ses frustrations, sa rage, sa haine.

Le désir est mimétique, écrivait l'anthropologue René Girard : je désire ce que désire autrui, et cela me conduit à désirer ce que je ne peux atteindre. Être confronté en permanence au succès, à la beauté, au bonheur des autres, influenceurs ou personnalités des réseaux sociaux, alimente les sentiments de jalousie, de compétition, de frustration et de haine. Le drame naît du décalage entre les aspirations personnelles et la cruauté du réel. On voit alors apparaître une « solidarité négative », qui transforme la société en une somme « d'individus furieux », selon les mots de Hannah Arendt, manipulables et inflammables, dont la violence est nourrie par un sentiment d'impuissance et parfois d'humiliation.

La maladie du siècle est celle de la perte de sens. Celui-ci a longtemps été le progrès, la modernité, l'amélioration continue de nos modes de vie, l'espoir en une vie meilleure. Il s'est désormais effondré. Le symptôme de ce mal du siècle est le ressentiment, qui triomphe désormais. Kierkegaard a été le premier à utiliser cette expression, en 1846, conséquence selon lui d'une époque apathique, sans action et sans grandeur. Le ressentiment n'est pas le produit d'une colère passagère, il naît de la déception, de la jalousie, d'un sentiment d'impuissance, et de la diminution de notre capacité à agir. Il ne suscite rien de grand. Camus, dans *L'Homme révolté* (1951), rappelle que Scheler le définit comme « une auto-intoxication, la sécrétion néfaste, en vase clos, d'une impuissance prolongée ».

Il ne faut pas s'y tromper : le ressentiment ne porte aucun idéal ni aucune révolte, il n'est qu'aigreur et souffrance. Contrairement à l'homme révolté qui s'indigne pour un monde meilleur, l'homme du ressentiment ne veut pas changer le monde. Il veut juste mettre fin à son humiliation et frapper ceux qu'il juge responsables de sa souffrance.

C'est sur ce terrain que prospèrent les marchands de rêve de tout type, charlatans et complotistes, populistes et extrémistes. Ils jouent et profitent des déceptions, des frustrations, du mécontentement, du chaos économique et social. Ils promettent de la sécurité dans un monde sans sécurité. Ce n'est évidemment pas quelque chose de nouveau. Nous avons déjà connu des crises, des guerres, mais nous allons à chaque fois plus loin, plus fort, plus profond. Privés de sens, nous sommes entrés dans un nouvel âge de la colère et du nihilisme. La béance est vaste et profonde, conséquence d'une quête de sens inassouvie, d'un désir d'accomplissement déçu. Le désespoir qui en résulte nourrit des pensées suicidaires, individuelles, mais aussi, désormais, collectives. Elles prennent différentes formes, mais qui toutes sont mortifères : repli sur soi, rejet de la société, refuge dans des chimères ou des paradis artificiels, haine de l'autre, tentations de l'extrême, etc.

Dans un monde aussi chaotique, la question fondamentale est celle du sens. Que voulons-nous faire ensemble ? Quel est notre projet commun ? Cette question, il faut y répondre de manière collective, mais aussi, et d'abord, de manière individuelle. Elle repose sur un triple impératif qui se trouve, d'abord, en chacun de nous : donner du sens, comprendre que tout est possible, agir par nous-mêmes.

5

Donner du sens

Dans *Malaise dans la civilisation*, Freud fait un parallèle entre l'évolution des individus et celle des civilisations. Notre civilisation est ainsi devenue comme névrosée. Il y a « une agitation, un malheur, une angoisse » liés au fait que les progrès de la civilisation n'ont pas conduit à plus d'épanouissement collectif, bien au contraire.

> Au cours des dernières générations, l'humanité a fait accomplir des progrès extraordinaires aux sciences physiques et naturelles et à leurs applications techniques [...] Les hommes sont fiers de ces conquêtes [...] Ils croient toutefois constater que cette récente maîtrise de l'espace et du temps, cet asservissement des forces de la nature, cette réalisation d'aspirations millénaires, n'ont aucunement élevé la somme de jouissance qu'ils attendent de la vie. Ils n'ont pas le sentiment d'être devenus pour cela plus heureux[1].

Toute civilisation se construit sur la contrainte et le renoncement à ses désirs et pulsions, pour assurer le bon fonctionnement du collectif. Or, désormais, ce contrat

1. Sigmund Freud, *Malaise dans la civilisation*, PUF, 1971 [1929].

implicite n'est plus respecté. De plus en plus de règles, d'obligations et de contraintes nous sont imposées, et pourtant nous sommes confrontés à de plus en plus de désordre, de malheurs et de violences. Tout ça pour ça ? Tout ça pour quoi ? Nous subissons un carcan social et moral, qui nous aura conduits à un désastre complet. « L'homme civilisé a fait l'échange d'une part de bonheur possible contre une part de sécurité », écrit encore Freud ; mais si la sécurité n'est pas ou plus assurée et que nous ne sommes pas heureux, alors à quoi bon ?...

Face au malheur et à la souffrance, face aux frustrations, nous avons mis en œuvre des stratégies d'évitement, individuelles et collectives. Les addictions diverses, chimiques ou sportives, la renonciation aux pulsions par l'ascétisme et les méthodes de développement personnel telles que le yoga ou la méditation, le déplacement de la libido notamment vers le travail, la transformation de la réalité, le refuge dans l'imagination et l'art, sont autant de consolations fugitives.

Freud tranche la question du bien-être de manière minimale, en nous souhaitant collectivement le plus de bonheurs et le moins de malheurs possible. Mais il nous invite à trouver la réponse en nous : « *Jeder ist seines Glückes Schmied* », chacun est artisan de son propre bonheur, postule-t-il. C'est à chacun d'entre nous d'apporter sa propre réponse à la question du sens de la vie (« *Lebenszweck* »). C'est en chacun d'entre nous qu'elle se trouve.

Pour Camus, ce mystère est « la plus pressante des questions ». Il y apporte une réponse lapidaire. La vie est dépourvue de sens, dit-il. Dès lors, « il n'y a qu'un problème philosophique vraiment sérieux : c'est le suicide. Juger que la vie vaut ou ne vaut pas la peine d'être vécue, c'est répondre à cette question fondamentale de la philosophie[1]. » Tout le reste n'est que jeux et futilités.

*

La vie n'a pas de sens. Elle passe, vite, et nous emmène droit à la mort. « Nous tendons à la mort, comme la flèche au but, et nous ne le manquons jamais [...] Nous n'avons pas choisi de naître [...] cette vie nous fut imposée plus qu'elle ne nous fut donnée, vie pleine de soucis et de douleurs [...] Nous nous sentons bon gré mal gré engagés le long du labyrinthe de l'absurde et nous n'en sortirons que morts », écrit Albert Caraco dans son *Bréviaire du chaos*. Cette angoisse existentielle traverse les plus grands textes de la littérature mondiale. « *Life's but a walking shadow* », écrivait Shakespeare dans *Macbeth* :

> La vie n'est qu'un fantôme errant, un pauvre comédien qui se pavane et s'agite durant son heure sur la scène et qu'ensuite on n'entend plus ; c'est une histoire dite par un idiot, pleine de bruit et de fureur, et qui ne signifie rien[2]...

Dans le temps qui nous est donné, nous suivons les règles qui nous sont imposées, nous nous soumettons aux normes, nous sommes prisonniers de conventions et de rôles que nous jouons ou que l'on nous fait jouer, nous entrons dans un cadre dans lequel nous n'avons pas ou très peu de liberté. Tout est posture et imposture. Tous les jours, à l'infini, nous répétons

1. Incipit du *Mythe de Sisyphe. Essai sur l'absurde*, 1942.
2. William Shakespeare, *Macbeth*, 1623, acte V, scène 5 ; trad. Francois-Victor Hugo, 1859.

les mêmes tâches, les mêmes gestes, les mêmes déplacements, sans aucun contrôle réel de notre vie et sans maîtrise de nous-mêmes : « Je ne contrôlais rien du tout, écrit Sylvia Plath dans *La Cloche de détresse*. Je ne me contrôlais même pas moi-même. Je ne faisais que cahoter comme un trolleybus engourdi, de mon hôtel au bureau, du bureau à des soirées, puis des soirées à l'hôtel et de nouveau au bureau[1]. » Elle était ballottée et déplacée, malgré elle, comme un pion sur un échiquier.

Et soudain, un jour, « il arrive que les décors s'écroulent. Lever, tramway, quatre heures de bureau ou d'usine, repas, tramway, quatre heures de travail, repas, sommeil et lundi mardi mercredi jeudi vendredi et samedi sur le même rythme, cette route se suit aisément la plupart du temps. Un jour seulement, le "pourquoi" s'élève et tout commence[2] »... Le caractère dérisoire de l'habitude et de la vie apparaît : pourquoi cette agitation quotidienne ? Il se produit alors un « divorce entre l'homme et sa vie, l'acteur et son décor », poursuit Camus. « La chaîne des gestes quotidiens est rompue. » L'absurde, c'est comprendre que rien n'a de sens. Chez les hommes, « l'aspect mécanique de leurs gestes, leur pantomime privée de sens rend stupide tout ce qui les entoure ». « L'absurde naît de cette confrontation entre l'appel humain et le silence déraisonnable du monde. » Il naît de cette question : à quoi bon ?

L'absurde prend des formes multiples, de l'ironie des cyniques à un mélange tout à la fois de nausée, d'épuisement et d'angoisse.

1. Sylvia Plath, *The Bell Jar*, 1963 ; trad. Michel Persitz, *La Cloche de détresse*, Denoël, chap. 1, 1972.
2. Albert Camus, *Le Mythe de Sisyphe, op. cit.*

L'absurde peut prendre la forme de la nausée tout d'abord. C'est Roquentin qui, dans le roman de Jean-Paul Sartre, se retrouve soudainement seul face à lui-même et qui réalise que son existence est vide, sans but ni sens. Sa prise de conscience se produit dans un jardin public, soudainement : « J'avais beau répéter : "C'est une racine" – ça ne prenait plus. »

> Et puis j'ai eu cette illumination. Ça m'a coupé le souffle [...]. Les arbres flottaient [...]. Ils n'avaient pas envie d'exister, seulement ils ne pouvaient pas s'en empêcher [...]. Le monde tout nu [...] se montrait tout d'un coup, et j'étouffais de colère contre ce gros être absurde.

Et plus loin :

> Tout est gratuit, ce jardin, cette ville et moi-même. Quand il arrive qu'on s'en rende compte, ça vous tourne le cœur et tout se met à flotter, comme l'autre soir [...] : voilà la Nausée.

Elle s'accompagne d'un sentiment de malaise, comme un vertige. Là aussi les décors s'effondrent, et Roquentin se détache d'un monde qu'il ne comprend plus et qu'il rejette. La nausée vous prend, remplit la tête, écrase l'estomac, ferme la gorge, elle est un malaise face au monde.

L'absurde, c'est aussi l'épuisement et la lassitude, comme celle des personnages de Beckett face à un monde dont il n'y a rien à attendre : « Il n'y a plus moyen d'avancer, reculer est également hors de question[1] » ; « Il y a dans cette inertie des choses de quoi rendre littéralement fou[2]. »

1. Samuel Beckett, *Mercier et Camier*, 1970.
2. *Id.*, *Molloy*, 1951, II.

L'épuisé beckettien, selon le mot de Gilles Deleuze, est celui qui se situe au-delà de toute fatigue et qui, péniblement, inlassablement, se lève et avance en traînant les pieds. Il est à l'image de « l'être fatigué » de Levinas, qui ne parvient plus à suivre le rythme du monde et de sa propre vie, qui est comme en retard sur son existence, « désarticulé de soi ». « Il existe une lassitude qui est lassitude de tout et de tous, mais surtout lassitude de soi[1]. »

L'absurde, c'est enfin l'angoisse face à un monde incapable de répondre au vide de nos vies et de nous apporter une quelconque satisfaction. Selon la phrase de Schopenhauer, « la vie donc oscille, comme un pendule, de droite à gauche, de la souffrance à l'ennui[2] ». L'angoisse d'une vie menée « sous une cloche de verre, mijotant [toujours] dans le même air vicié[3] ». « Pour celui qui s['y] trouve, vidé et figé comme un bébé mort, le monde lui-même est un mauvais rêve[4]. » L'angoisse d'un monde que l'on ne comprend pas, qui nous juge, nous rejette, et nous condamne sans que l'on sache de quoi et pourquoi, et nous égorge « comme un chien[5] ».

L'absurde, c'est prendre la mesure du monde et en ressentir un dégoût profond et légitime. Nul mieux que Baudelaire n'a décrit ce sentiment, ce mal de vivre, cette mélancolie, dans le poème, magistral, *Spleen – LXXVIII*[6] :

1. Emmanuel Levinas, *De l'existence à l'existant* (1947), Vrin, 2013, p. 28.
2. Arthur Schopenhauer, *Le Monde comme volonté et comme représentation*, 1818, livre IV, § 57.
3. Sylvia Plath, *The Bell Jar, op. cit.*, chap. 15. Je traduis.
4. *Ibid.*, chap. 20. Je traduis.
5. Franz Kafka, *Le Procès*, 1925.
6. Charles Baudelaire, *Les Fleurs du mal*, « Spleen – LXXVIII », 1857.

Quand le ciel bas et lourd pèse comme un couvercle
Sur l'esprit gémissant en proie aux longs ennuis,
Et que de l'horizon embrassant tout le cercle
Il nous verse un jour noir plus triste que les nuits ;

Quand la terre est changée en un cachot humide,
Où l'Espérance, comme une chauve-souris,
S'en va battant les murs de son aile timide
Et se cognant la tête à des plafonds pourris ;

Quand la pluie étalant ses immenses traînées
D'une vaste prison imite les barreaux,
Et qu'un peuple muet d'infâmes araignées
Vient tendre ses filets au fond de nos cerveaux,

Des cloches tout à coup sautent avec furie
Et lancent vers le ciel un affreux hurlement,
Ainsi que des esprits errants et sans patrie
Qui se mettent à geindre opiniâtrement.

– Et de longs corbillards, sans tambours ni musique,
Défilent lentement dans mon âme ; l'Espoir,
Vaincu, pleure, et l'Angoisse atroce, despotique,
Sur mon crâne incliné plante son drapeau noir.

De Verlaine à Henri Michaux et Paul Valet, en passant par Artaud et Cioran, c'est le même désespoir qui s'exprime. Lautréamont a « reçu la vie comme une blessure[1] », Cioran fuit « la catastrophe de la naissance[2] », et Rimbaud fait « s'évanouir dans [s]on esprit toute l'espérance humaine[3] ». Henri Michaux, un des plus grands poètes du XXe siècle, écrira ainsi trois poèmes magnifiques en écho à cette détresse :

1. Lautréamont, *Les Chants de Maldoror*, ch. III, 1869.
2. Emil Cioran, *De l'inconvénient d'être né*, 1973.
3. Arthur Rimbaud, *Une saison en enfer*, 1873.

Il souffle un vent terrible.
Ce n'est qu'un petit trou dans ma poitrine,
Mais il y souffle un vent terrible / [...]
J'ai besoin de haine, et d'envie, c'est ma santé. / [...]
Dans le trou il y a haine (toujours),
effroi aussi et impuissance / [...]
Malédiction sur toute la terre, sur toute la civilisation,
sur tous les êtres à la surface de toutes les planètes,
à cause de ce vide[1] !

Et aussi :

Je vous construirai une ville avec des loques, moi !
Je vous construirai sans plan et sans ciment
Un édifice que vous ne détruirez pas / [...]
Glas ! Glas ! Glas sur vous tous, néant sur les vivants !
/ [...]
En tonnes, vous m'entendez, en tonnes,
je vous arracherai ce que vous m'avez refusé
en grammes. / [...]
Dans le noir nous verrons clair, mes frères[2].

Et encore :

Un jour.
Un jour, bientôt peut-être.
Un jour j'arracherai l'ancre qui tient mon navire
loin des mers.
Avec la sorte de courage qu'il faut pour être rien
et rien que rien, je lâcherai ce qui paraissait
m'être indissolublement proche.

1. Henri Michaux, « Je suis né troué », *Ecuador. Journal de voyage*, 1929.
2. *Id.*, « Contre ! », *La Nuit remue*, 1935.

Je le trancherai, je le renverserai, je le romprai,
je le ferai dégringoler[1].

Les titres mêmes des œuvres de Paul Valet illustrent ce désespoir et la rage auquel il conduit : *Vertiges*, *Solstices terrassés*, ou encore *Que pourrais-je vous donner de plus grand que mon gouffre ?* Dans ce dernier livre, il fera le constat suivant : « J'ignore qui je suis – [...] – Je suis dans un monde qui me regarde stupéfait – Plein de fêlures et de fissures[2] ». « Être lucide / C'est perdre connaissance / [...] / Invincible est la détresse / De celui qui voit[3] ».

Ces œuvres montrent le monde tel qu'il est, dans son absurdité et sa noirceur, et non pas tel qu'on voudrait le voir. Elles en expriment le vide.

Face à ce constat, il y a plusieurs attitudes possibles : tout détruire, se détruire soi-même, fuir loin de tout et de tous, ou se battre et donner du sens.

*

La première attitude possible est la destruction de tout, du monde tel qu'il est. C'est la fermeture de l'horizon, la perte d'espoir, qui nourrit le nihilisme. « Le monde tel qu'il est *ne* devrait *pas* être et [...] le monde tel qu'il devrait être n'existe pas[4] », selon le mot de Nietzsche. L'absurdité de la vie, l'idée

1. *Id.*, « Clown », *L'Espace du dedans*, 1944.
2. Paul Valet, « Ma biographie », *Que pourrais-je vous donner de plus grand que mon gouffre ?*, 1983.
3. *Ibid.*, « Le voyant ».
4. Friedrich Nietzsche, *Fragments posthumes. Automne 1887 – mars 1888* ; trad. Pierre Klossowski, Gallimard, 1976, fgt 9 (60), p. 40.

que la morale et la vérité n'existent pas, le rejet de toute autorité conduisent à un appel à la violence et à la destruction systématique. « Tout est permis », écrit Dostoïevski, « comme Dieu et l'immortalité n'existent pas, il est permis à l'homme nouveau de devenir Dieu[1] », et devenir Dieu, c'est reconnaître que tout est permis, même le crime. Tourgueniev, dans *Pères et Fils*, décrit ainsi le nihiliste Bazarov : « Un homme qui ne s'incline devant aucune autorité, qui n'accepte aucun principe sans examen, quel que soit le respect dont ce principe est entouré[2]. » « Détruisez le plus possible[3] », s'écrie Serge Netchaïev. « Que tout soit anéanti, tout, tout ! Il me faut la paix [...] Si l'on me donnait à choisir entre le thé et l'humanité, je choisirais le thé[4] », fait dire Dostoïevski à Ordinov. Il n'existe pas de différence entre le nihilisme russe du XIXe siècle et le terrorisme de Daech du XXIe siècle. L'appel au meurtre est le même : « Notre action doit être la révolte permanente par la parole, par l'écrit, par le poignard, le fusil, la dynamite[5]. » La volonté de destruction n'est pas nouvelle : l'assassinat du tsar Alexandre II en 1881, les attaques de la Bourse de Paris en 1886, de la Chambre des députés en 1893, l'assassinat du président Carnot en 1894, du roi Umberto Ier en 1900, du président américain McKinley en 1901, les attaques à la bombe à Barcelone de 1903 à 1909, etc. Les mêmes causes produisent les mêmes

1. Albert Camus commentant *Les Frères Karamazov* (1880) de Dostoïevski dans *L'Homme révolté* (1951).
2. Sergei Tourgueniev, *Pères et fils*, 1862, chap. V.
3. Serge Netchaïev, *Catéchisme du révolutionnaire* [1868].
4. Fedor Dostoïevski, *Les Carnets du sous-sol*, 1864, partie II, chap. XIX.
5. Pierre Kropotkine, « L'action », *Le Révolté*, 2e année, nº 22, 25 décembre 1880, p. 1.

effets, la désespérance conduit à la rupture, et la rupture au néant, à la même volonté d'annihilation totale.

Nul besoin d'insister, le nihilisme conduit à une impasse. Les rêves de destruction universelle mènent à l'apocalypse. Ils sont aussi l'expression d'une volonté de puissance et de domination sans limites.

*

À défaut de tout détruire, une seconde attitude, plus expéditive face à l'absurde et au silence du monde, peut être de se détruire soi-même. Les plus belles pages sur le suicide, « seul problème philosophique vraiment sérieux », ont été écrites par Albert Camus :

> Se tuer, [...] c'est avouer. C'est avouer qu'on est dépassé par la vie ou qu'on ne la comprend pas. [...] C'est seulement avouer que cela « ne vaut pas la peine ». [C'est] qu'on a reconnu [...] l'absence de toute raison profonde de vivre, le caractère insensé de cette agitation quotidienne et l'inutilité de la souffrance[1].

Le suicide est alors décrit comme une libération, qui permet de redevenir maître de son propre destin et de retrouver de la dignité, de fuir ce que l'on ressent comme injuste ou insupportable : « Mourir fièrement lorsqu'il n'est plus possible de vivre fièrement[2] », écrivait Nietzsche dans *Le Crépuscule des idoles*. C'est la liberté ultime, qui consiste à refuser l'assignation à résidence dans son corps comme dans ce monde,

1. Albert Camus, *Le Mythe de Sisyphe, op. cit.*, chap. 1, 1.1.
2. Friedrich Nietzsche, *Le Crépuscule des idoles*, « Flâneries inactuelles », 1888, § 36.

à affirmer sa propre volonté, à reprendre le pouvoir et le contrôle de soi. C'est, paradoxalement, l'expression d'une volonté de vie, du « vouloir-vivre » selon Schopenhauer, qui vise à échapper à la souffrance et à l'angoisse, à retrouver la part d'infini qui est en nous.

Nombreux sont ceux qui ont été emportés par ce sentiment irrésistible de suffocation, d'épuisement, d'écrasement. De Ian Curtis, le leader du groupe de rock anglais Joy Division, retrouvé pendu chez lui à vingt-trois ans, avec, sur sa platine, le disque *The Idiot* d'Iggy Pop (dont le premier titre, « Sister Midnight », dit « *Can you hear me call? / Can you hear me well? / Can you hear me at all?* », « Est-ce que tu m'entends t'appeler ? / Est-ce que tu m'entends bien ? / Est-ce que tu m'entends, au moins ? », à Kurt Cobain, le leader du groupe américain Nirvana, qui se tirera une balle dans la tête à vingt-sept ans, et qui écrira dans sa lettre d'adieu : « *It's better to burn out than to fade away* », « il vaut mieux brûler franchement que s'éteindre à petit feu. »

Mais « on ne se suicide pas tout seul, nul n'a jamais été seul pour naître, nul non plus n'est seul pour mourir », écrit Artaud dans *Van Gogh, le suicidé de la société*, car « il faut une armée de mauvais êtres pour décider le corps au geste contre nature, de se priver de sa propre vie ». Van Gogh n'était pas fou, c'est « la conscience générale de la société [qui], pour le punir de s'être arraché à elle, le suicida » alors qu'« il venait [...] de découvrir ce qu'il était et qui il était » par une vision supérieure. Artaud, et tous les autres artistes révoltés, portent une attaque frontale contre la société et ses fondements : ils provoquent une réaction violente chez les garants de l'ordre. En réponse, le pouvoir a inventé la figure, dangereuse et menaçante, de l'aliéné, du fou : « Une société tarée a inventé la psychiatrie pour se défendre des investigations de certaines lucidités supérieures dont les facultés de divination la gênaient », écrit encore Artaud. C'est ainsi qu'« un aliéné est [...] un homme que la société n'a pas voulu entendre et qu'elle a voulu empêcher d'émettre d'insupportables vérités » et qu'elle « a fait étrangler dans ses asiles tous ceux dont elle a voulu se débarrasser ou se défendre ». Van Gogh n'était pas fou, « mais ses peintures étaient des feux grégeois, des bombes atomiques, [...] capable[s] de déranger gravement le conformisme larvaire de la bourgeoisie ».

Autre écorché vif, Gérard de Nerval. Nadar écrit ainsi de son ami le poète, retrouvé pendu rue de la Vieille-Lanterne à Paris : « Je ne sais jusqu'à quel point il importe historiquement d'établir si le cher et doux Gérard de Nerval s'est ou a été pendu[1]. » Et Artaud d'affirmer : « Gérard de Nerval n'était pas fou, mais il fut accusé de l'être afin de jeter le discrédit sur certaines révélations capitales qu'il s'apprêtait à faire[2]. » De même, Baudelaire écrira de la mort d'Edgar Allan Poe qu'elle « est presque un suicide », expliquant : « La société n'aime pas ces enragés malheureux[3]. »

Toutefois, quelles que soient les justifications, là encore, nul besoin d'insister : le suicide conduit à une impasse. Il est un renoncement, comme une abdication, qui laisse triompher « [l]es sots et [l]es méchants[4] », ces faiseurs de chaos qu'il convient au contraire de combattre.

1. Lettre de Nadar à Charles Monselet, *Le Temps*, 21e année, nº 7220, 27 janvier 1881.

2. Antonin Artaud, *Van Gogh le suicidé de la société*, 1947.

3. Charles Baudelaire, *Edgar Poe. Sa vie et ses œuvres*, 1852.

4. Paul Verlaine, « N'est-ce pas ? En dépit des sots », *La Bonne Chanson*, 1870, XVII.

*

Une troisième attitude possible est de partir, se retirer du monde, se désengager.

C'est le choix fait par Jean des Esseintes, le héros du livre *À rebours* de Huysmans, texte qui a bouleversé la fin du XIXe siècle et qui fut révéré par les artistes de la Belle Époque. Après une vie agitée, las de toutes les expériences qu'il a vécues, des Esseintes décide de se retirer du monde et de vivre seul dans une maison de Fontenay-aux-Roses : « Seigneur, prenez pitié [...] du forçat de la vie qui s'embarque seul, dans la nuit, sous un firmament que n'éclairent plus les consolants fanaux du vieil espoir[1] ! » Rien ne provient de l'extérieur, il a même mis en place un système de filtrage de la lumière du jour. Là, sans jamais en sortir, ayant rassemblé les livres les plus précieux à ses yeux – notamment ceux de Baudelaire, de Sade, de Flaubert, de Verlaine... – et tous les objets nécessaires à une vie recluse, il se consacre à la lecture, à la décoration intérieure, à l'art des bijoux et des parfums. Isolé volontaire, retiré du monde et de ses contemporains, des Esseintes est un misanthrope, qui recherche un idéal « à rebours ». Il renie les valeurs de son temps, célèbre la solitude et le silence. Barbey d'Aurevilly écrira : « Après un tel livre, il ne reste plus à l'auteur qu'à choisir entre la bouche d'un pistolet ou les pieds de la croix[2]. »

C'est à un choix de même nature qu'est confronté le poète américain Thoreau, qui s'extrait volontairement de la société et s'installe, lui, en pleine forêt, à Walden dans le

1. Joris-Karl Huysmans, *À rebours*, 1884, dernière phrase du roman.

2. Citation reprise par Huysmans pour une préface parue en 1903 et conclue par un net : « C'est fait. »

Massachusetts : « À quoi bon accumuler des biens quand on est sûr de les voir filer ? [...] On doit vivre en soi, ne dépendre que de soi, et, toujours à pied d'œuvre et prêt à repartir, ne pas s'encombrer de multiples affaires[1]. » C'est le dégoût des hommes et le refus de « leur existence occupée à poursuivre la subsistance quotidienne, pervertissant de fait leur liberté dans le désespoir[2] » qui conduit Thoreau à vivre seul et reclus en pleine forêt. Loin de tous, il veut y mener « une vie de simplicité, d'indépendance, de magnanimité, et de confiance[3] ».

C'est encore le même rejet de la société et le refus de suivre une vie toute tracée qui conduira l'Américain Christopher McCandless, âgé d'une vingtaine d'années, à tout abandonner en 1990 et à voyager seul, sans moyens, à travers les États-Unis. Il détruira sa carte de crédit, brûlera ses derniers dollars, abandonnera sa voiture, et se rendra jusqu'en Alaska pour vivre dans un bus désaffecté. Son histoire sera racontée dans *Into the Wild*, un livre de Jon Krakauer, puis un film devenu culte réalisé par Sean Penn.

Là aussi, si elle est tentante, cette attitude mène à une impasse, celle du renoncement : retraite rime avec défaite. Elle peut finir de manière tragique, comme pour Christopher McCandless, mort seul, intoxiqué. Ou se conclure par un échec, comme pour Thoreau, qui quittera Walden après deux ans, deux mois et deux jours, pour rejoindre la civilisation. Des Esseintes, pour sa part, finira par renoncer à son isolement et retournera à Paris. Dans

1. Henry David Thoreau, *La Désobéissance civile*, 1849.
2. Leo Stoller, *After Walden: Thoreau's changing views on economic man*, Stanford University Press, 1957.
3. Henry David Thoreau, *Walden ou la Vie dans les bois*, 1854.

De la démocratie en Amérique, Tocqueville soulignera ainsi que, si on s'isole, si on renonce, si on se désintéresse de la vie publique, on laisse alors la voie grande ouverte aux sots et aux méchants dont parlait Verlaine, à ceux qui veulent soumettre la démocratie à leurs intérêts propres.

*

Face à l'absurde, si on refuse les impasses de la destruction totale, du suicide et de la fuite, il faut alors donner du sens. « Se taire, c'est laisser croire qu'on ne juge et ne désire rien.[1] » Donner du sens, c'est se révolter. « Qu'est-ce qu'un homme révolté ? Un homme qui dit non. Mais s'il refuse, il ne renonce pas : c'est aussi un homme qui dit oui. » Se révolter, c'est affirmer qu'il y a quelque chose de plus grand que nous. C'est refuser ce qui est et affirmer des valeurs supérieures. C'est vouloir changer la vie et transformer le monde. C'est s'engager, se battre, et ne jamais se résigner. C'est refuser d'assister au spectacle du monde et à ses désordres sans rien dire et sans agir, c'est empêcher le monde de se défaire. « Nous sommes quelques-uns qui ne voulons faire silence sur rien[2] », dira Camus dans son article « Pourquoi l'Espagne ? », auquel fait écho le philosophe Emmanuel Mounier, fondateur de la revue *Esprit* : « Nous ne nous engageons jamais que dans des combats discutables sur des causes imparfaites. Refuser pour autant l'engagement, c'est refuser la condition humaine[3]. »

1. Albert Camus, *L'Homme révolté* [1951].
2. *Id.*, « Pourquoi l'Espagne ? (Réponse à Gabriel Marcel) », *Combat*, 25 novembre 1948.
3. Emmanuel Mounier, *Le Personnalisme*, 1946, Ire partie, VII – L'engagement.

La prise de conscience de l'absurdité du monde conduit à la révolte. C'est le sens du mythe de Sisyphe, tel qu'interprété par Camus. Ayant osé défier Zeus, Sisyphe est condamné à faire rouler sans fin un rocher en haut d'une colline, de laquelle il retombe immanquablement dès qu'il est parvenu à son sommet. Face à l'absurdité d'une telle tâche, pousser une pierre éternellement, deux attitudes sont possibles : le suicide ou la révolte intérieure. Sisyphe choisit la seconde. Il ne renonce jamais. Il ne cède pas au désespoir, il choisit la vie et fait rouler son rocher, encore et encore, sans jamais s'arrêter. « La lutte elle-même vers les sommets suffit à remplir un cœur d'homme. Il faut imaginer Sisyphe heureux », conclut Camus. L'homme doit se confronter à l'absurdité du monde et réussir à insuffler du sens en toute chose. C'est dans cette révolte contre le monde que se trouve la liberté.

C'est donc à chacun d'entre nous de trouver le sens à donner à sa vie. Il peut être individuel ou collectif, sembler petit ou grand, être proche ou lointain. Le sens, c'est tout à la fois la signification, mais aussi la direction, le projet, et le but. C'est à la fois une raison d'être et la valeur que l'on donne à sa vie. C'est ce qui permet de devenir ou redevenir maître de sa vie.

Donner du sens à son existence, c'est être à l'image de Sisyphe : plus fort que le rocher que l'on pousse chaque jour sans fin. C'est se battre pour une idée ou des valeurs qui nous dépassent, c'est sublimer la vie. C'est considérer « plutôt mourir debout que de vivre à genoux[1] ». C'est estimer, comme Sartre, que chaque acte, même minime, a un impact, que « chaque parole a des retentissements. Chaque silence aussi. » Et le

1. Albert Camus, *L'Homme révolté*, 1951.

fondateur – avec Simone de Beauvoir – de la revue *Les Temps modernes* d'illustrer son propos dans le premier numéro d'octobre 1945 :

> Je tiens Flaubert et Goncourt pour responsables de la répression qui suivit la Commune parce qu'ils n'ont pas écrit une ligne pour l'empêcher. Ce n'était pas leur affaire, dira-t-on. Mais le procès de Calas, était-ce l'affaire de Voltaire ? La condamnation de Dreyfus, était-ce l'affaire de Zola ? L'administration du Congo, était-ce l'affaire de Gide ? Chacun de ces auteurs, en une circonstance particulière de sa vie, a mesuré sa responsabilité d'écrivain[1].

Cela est vrai de ces auteurs, comme de chacun d'entre nous. Donner du sens, s'engager, c'est oser se lever, se dresser, et faire preuve de courage ; c'est s'inventer à chacun de ses actes et donner soi-même sens aux situations auxquelles nous sommes confrontées ; c'est être responsable, comme le Petit Prince l'est de sa rose ; c'est s'élever au-dessus de sa condition et rechercher une part d'absolu. « L'absurde ou l'absolu[2] », disait Sartre. Là « où règne l'absolu, l'absurde est annulé[3] ».

Donner du sens, c'est définir « la commune dignité du monde et de l'homme [...] en face d'un monde qui l'insulte[4] » et découvrir qu'il y a « en [s]oi un été invincible[5] », selon les mots de Camus.

1. Jean-Paul Sartre, « Présentation des *Temps modernes* », *Les Temps modernes*, 1er octobre 1945, repris dans *Situations II. Qu'est-ce que la littérature ?*, Gallimard, 1948.
2. *Id.*, *La Nausée*, 1938.
3. Albert Caraco, *Le Désirable et le Sublime*, 1952.
4. Albert Camus, *L'Homme révolté*, 1951.
5. *Id.*, « Retour à Tipasa », dans *L'Été*, 1954.

6

Tout est possible

La vie passe comme dans un souffle, alors à quoi bon attendre ? Attendre quoi ? Que les remords et les regrets surviennent de n'avoir su agir et d'avoir raté tant d'occasions ?... Que la nostalgie l'emporte et que plus rien ne nous porte ?... Attendre que la mort survienne, comme les bêtes menées à l'abattoir ? À quoi cela sert-il de subir, de rester dans un cadre imposé, puisque la vie passe et que bientôt nous ne serons plus ? La seule règle doit être de vivre le plus possible, le plus intensément possible, être indifférent à l'avenir et épuiser le présent. La seule règle est précisément de ne pas en avoir : « *Life is short: break the rules. Forgive quickly, kiss slowly, love truly, laugh uncontrollably, and never regret anything that made you smile* », selon la phrase attribuée à Mark Twain (« La vie est courte : transgressez les règles. Pardonnez rapidement, embrassez langoureusement, aimez profondément, riez comme des fous et ne regrettez jamais quoi que ce soit qui vous a fait sourire »).

*

Nous n'avons pas le temps d'attendre. Ce qui compte c'est l'intensité, le degré d'engagement que nous mettons dans ce que nous sommes, dans ce que nous vivons, et dans ce que nous ressentons. L'intensité, c'est l'élan intérieur, la force de vie qui est en nous, celle qui nous fait sortir de la routine et qui nous fait vivre pleinement. L'intensité, c'est la recherche des sensations fortes, quelles qu'elles soient : intellectuelles, sportives, amoureuses, artistiques, sexuelles, alcoolisées, ou autres... Ce n'est pas un hasard si, dans *1984* de George Orwell, le parti unique totalitaire, l'Angsoc, met un soin tout particulier à priver ses sujets de toute libido.

L'intensité, c'est un choc qui crée du déséquilibre et nous extrait de la monotonie. Elle se manifeste dans l'engagement qui est le nôtre, dans le sens que nous donnons à notre vie. C'est elle qui fait que, d'objet de notre propre vie, subissant des contraintes et des règles que nous n'avons pas choisies, nous devenons sujets de notre existence. De spectateurs nous devenons acteurs. Cette intensité résulte de l'énergie qui est la nôtre, ce qu'Henri Michaux appelle la « seconde tigre » :

> Seigneur tigre, c'est un coup de trompette en tout
> son être quand il aperçoit la proie, c'est un sport,
> une chasse, une aventure, une escalade, un destin,
> une libération, un feu, une lumière.
> Cravaché par la faim, il saute.
> Qui ose comparer ses secondes à celles-là
> Qui en toute sa vie eut seulement dix secondes tigre[1] ?

1. Henri Michaux, *Poteaux d'angle*, 1971/1978.

L'intensité, c'est avoir des « secondes tigres ». Ni le passé ni le futur n'existent, seul compte le présent. Aux âmes tièdes et aux cœurs faibles, à l'atonie dominante, il faut opposer la « *high energy* », l'énergie intense, celle revendiquée par le groupe de rock américain MC5 avec leur « *Kick out the jams, motherfuckers!* » (« Déchaînez-vous, mes salauds ! ») lancé sur scène et qui ouvre leur premier album. Chez ces mêmes MC5, les « *five seconds* » hurlés en introduction de la chanson *Ramblin' Rose* font écho aux « secondes tigres » de Michaux ; ce sont cinq secondes pour donner du sens à sa vie et changer le monde :

> *Brothers and sisters! The time has come for each and every one of you to decide whether you are gonna be the problem or whether you are gonna be the solution (that's right)! You must choose, brothers, you must choose! It takes five seconds, five seconds of decision, five seconds to realize your purpose here on the planet! It takes five seconds to realize that it's time to move, it's time to get down with it!*
>
> Frères et sœurs ! Le moment est venu pour chacun d'entre vous de décider si vous allez être le problème ou si vous allez être la solution (c'est vrai) ! Vous devez choisir, frères, vous devez choisir ! Ça prend cinq secondes, cinq secondes de décision, cinq secondes pour réaliser votre but ici sur la planète ! Il faut cinq secondes pour se rendre compte qu'il est temps de bouger, qu'il est temps de s'y mettre !

Ce que l'art révolté clame, ce que les poètes maudits ou les penseurs humiliés disent, le punk le professe de la même façon : *no rule, no fear, no limit*. Agir par soi-même et ouvrir le champ des possibles, c'est refuser toute règle, écarter toute peur, repousser toute limite.

Cette intensité est celle qui nous permet de rester jeunes jusqu'à notre mort (« *I'm gonna stay young until I die* », hurlaient les membres du groupe punk 7 Seconds). Ce qui compte, c'est avancer, toujours, ne pas reculer, ne jamais se rendre face à l'adversité, se battre. « *Never surrender*, chantaient les punks anglais de Blitz, *never give in / Never let the enemy win / [...] / Never give in to things they say* » (« Ne vous rendez jamais, ne cédez jamais / Ne laissez jamais l'ennemi gagner, / [...] / N'écoutez pas ce qu'ils vous disent »), à quoi fait écho la chanson *Neocon* du groupe américain The Offspring :

We are strong, we are right
We won't be pushed aside
We'll go on, we will fight
We will not compromise
We will never lose to you

Nous sommes forts, nous avons raison
Nous ne nous laisserons pas faire
Nous allons avancer, nous allons nous battre
Nous ne ferons aucun compromis
Nous ne perdrons jamais face à vous

Il ne faut jamais se satisfaire de ce qui est, de ce que nous sommes, mais chercher toujours à se dépasser pour atteindre le meilleur de soi-même et trouver sa vérité. « Manquer de possible signifie que tout nous est devenu nécessité et banalité[1] », écrit Kierkegaard.

1. Søren Kierkegaard, *Traité du désespoir*, 1849, chap. 1, b, β.

*

Refuser toute règle, tout d'abord, c'est refuser à la fois le confort, les normes, les catégories et les frontières. C'est rejeter tout *a priori* et remettre en cause ce qui semble acquis. Littéralement, c'est se dire que tout est possible : « *Think for yourself, be yourself, don't just take what society gives you, create your own rules, create your own life*[1] » (« Pense par toi-même, sois toi-même, ne te contente pas de prendre ce que la société te donne, établis tes propres règles, vis ta propre vie »).

Pour cela, il faut se défaire de tous ses acquis et préjugés. Ce que le journaliste et biographe des Sex Pistols Jon Savage appelle le « *unlearning* », qui consiste à « désapprendre ». Écho parfait d'Henri Michaux : « N'apprends qu'avec réserve. Toute une vie ne suffit pas pour désapprendre ce que naïf, soumis, tu t'es laissé mettre dans la tête » (« Poteaux d'angle »). Cela implique de changer de regard, d'être inventif et courageux. Nous vivons dans une société qui aime mettre dans des cases dont on ne peut jamais sortir et qui aime classer et catégoriser en fonction de telle ou telle origine sociale, formation scolaire ou chemin de vie, dont on ne peut jamais s'échapper. Tout changement de parcours fait l'objet d'interrogations, de mises en doute et de condamnations *a priori*, comme s'il témoignait d'un échec du parcours précédent ou que

1. Mark Anderson, activiste punk et fondateur de l'organisation Positive Force DC, dans un tract de 1985, cité par Craig O'Hara dans *The Philosophy of Punk. More Than Noise*, AK Press, 1999 ; trad. Ladzi Galaï, *La Philosophie du punk. Histoire d'une révolte culturelle*, Rytrut, 2003.

le prochain parcours était voué à l'échec. J'ai étudié l'ébénisterie alors je ne peux être musicien, j'ai fait des mathématiques alors je ne peux travailler la terre, je suis électricien alors je ne peux écrire de la poésie... Sortez du cadre dans lequel vous êtes et vous entendrez sarcasmes et critiques. Nous sommes prisonniers très tôt de performances et de parcours scolaires qui déterminent une vie et qui pourtant ne mesurent à un moment donné qu'une infime partie de nos savoir-faire et aptitudes. Nous sommes prisonniers de notre origine géographique et sociale, première des injustices, qui va faciliter ou non notre ouverture au monde et aux connaissances, baliser l'accès aux meilleures écoles ou non, et donc déterminer largement nos résultats scolaires et la filière professionnelle dans laquelle on sera le plus souvent orienté d'autorité.

Le chaos éducatif n'a cessé de se renforcer ces dernières années, avec l'accroissement des inégalités scolaires en fonction du milieu d'origine. Dans son rapport 2021 sur l'éducation, Catherine Becchetti-Bizot, médiatrice de l'Éducation nationale et de l'Enseignement supérieur, indique que 35 % des collégiens défavorisés sont en difficulté contre 7 % des plus privilégiés. Ensuite, le déterminisme social se fait encore plus fort : 76 % des enfants de cadres ou de professions intermédiaires poursuivent des études supérieures contre 48 % des enfants d'ouvriers ou d'employés ; 67 % des enfants de cadres obtiennent un diplôme de l'enseignement supérieur au moins équivalent au master, contre seulement 16 % des enfants d'ouvriers.

Plus grave encore, chacun reste prisonnier de ses résultats mesurés à un moment donné, comme si toute évolution ou progression était par la suite impossible.

Prisonniers de résultats qui ne mesurent par ailleurs qu'une infime partie de nos aptitudes : les moins nobles et les moins riches, qui consistent à savoir apprendre par cœur et à reproduire à l'infini des raisonnements, des gestes ou des attitudes. L'intelligence, comme la vie est protéiforme, elle est multiple et diverse. Elle ne se laisse pas emprisonner et ne peut pas se mesurer par des tests qui ne reflètent en réalité que la pensée et les raisonnements dominants. Il faut rejeter toute case et exploser tout cadre. Cela impose de ne pas se résigner, de ne pas être fataliste ni conservateur, mais au contraire d'oser, de provoquer, de remettre en question.

Refuser toute règle, c'est remettre en cause ce que l'on veut nous imposer et rejeter l'ordre établi, tant d'un point de vue esthétique que politique. Ainsi du dadaïsme, qui visait à détruire les standards de moralité et de goût. En 1918, dans son *Manifeste Dada*, Tristan Tzara résumait ainsi l'objectif affiché du mouvement : « Que chaque homme crie : il y a un grand travail destructif, négatif à accomplir. Balayer nettoyer. » L'Internationale situationniste, héritière du surréalisme, reprendra ce mot d'ordre en 1957 dans son texte fondateur, *Rapport sur la construction de situations*, écrit par Guy Debord : « On ne dira jamais assez aux travailleurs exploités qu'il s'agit de leurs vies irremplaçables où tout pourrait être fait. » C'est le cœur du situationnisme : dissoudre la vie quotidienne dans une révolution permanente. Se dire que tout est possible, c'est sortir des déterminismes sociaux et s'appuyer sur l'audace et à la créativité. Dans son *Traité de savoir-vivre à l'usage des jeunes générations*, l'écrivain situationniste Raoul Vaneigem appelle à « la volonté de se réaliser en transformant le monde, la volonté de vivre toutes les sensations, toutes les expériences, tous les possibles[1] »…

*

Écarter toute peur, ensuite, c'est repousser la peur de soi, la peur de mal faire, la peur du jugement des autres, la peur de l'échec. C'est oser être soi-même.

Cela démarre par le fait d'assumer ses différences, quelles qu'elles soient, et jusqu'à l'extrême.

Il faut faire entendre sa voix aussi singulière ou folle soit elle, faire une force de ses défauts, de ses faiblesses, de ses peurs. Joe Strummer, le leader du groupe punk The Clash, célébrait la différence : « Peu importe qui vous êtes, ce que vous faites, comme vous êtes, vous êtes le bienvenu. Même laid ou surtout laid. » Par « laid », il faut aussi entendre les marginaux, les exclus, les déshérités. Ce qui compte, c'est ce qui ne se voit pas avec les yeux, c'est ce souffle qui fait que nous sommes uniques, c'est la part d'humanité en nous. C'est aussi la plus belle définition possible du punk donnée par Joe Strummer : « Le punk n'a rien à voir avec tes pompes ou la teinture de tes cheveux. On m'a si souvent demandé de le définir que j'y ai effectivement réfléchi pendant au moins deux secondes […] En fait, le punk rock c'est traiter tous les êtres humains de façon exemplaire[2]. »

1. Raoul Vaneigem, *Traité de savoir-vivre à l'usage des jeunes générations*, Gallimard, 1967, IIe partie, chap. XXIII.

2. Cité par Philippe Margotin dans *L'Univers de The Clash*, Éd. de La Martinière, 2022.

N'avoir peur de rien, c'est bâtir son destin et chercher ainsi à échapper au néant. C'est considérer qu'il n'y a rien à perdre dans un monde absurde. « Là où croît le péril, croît / Aussi ce qui sauve[1] »...

*

Repousser toute limite, c'est refuser tout cadre imposé et élargir le champ des possibles. C'est se battre, faire front, faire face à « cette sempiternelle anonyme machine appelée société[2] ». C'est croire que tout est possible pour que tout devienne possible. C'est ne jamais reculer, ne jamais mettre un genou à terre, c'est être une « force qui va » selon l'expression de Victor Hugo dans *Hernani* :

> Tu me crois peut-être
> Un homme comme sont tous les autres, un être
> Intelligent, qui court droit au but qu'il rêva.
> Détrompe-toi. Je suis une force qui va ! / [...]
> Où vais-je ? je ne sais. Mais je me sens poussé
> D'un souffle impétueux, d'un destin insensé[3].

Cette force d'Hernani va « toujours en avant[4] » et ne recule ni devant les dangers, ni devant les épreuves, ni devant les échecs.

On peut n'être rien, venir de nulle part, et pourtant contribuer à changer le monde. C'est la leçon des Clash. À leurs débuts, durant l'été 1976, le critique

1. Friedrich Hölderlin, *Patmos*, 1802, publ. 1807.
2. Antonin Artaud, lors de sa conférence au Vieux-Colombier, le 13 janvier 1947.
3. Victor Hugo, *Hernani*, 1830, acte III, scène 4.
4. *Id.*, « Paroles dans l'épreuve », dans *La Légende des siècles*, 1859.

musical Charles Shaar Murray, du journal *New Musical Express*, avait écrit : « The Clash est un de ces groupes de garage qui devrait y retourner fissa, et y rester enfermé moteur en marche[1] »... La réponse du groupe, cinglante, par la chanson *Garageland*, exprime au mieux ce qu'ils sont :

We're a garage band
We come from garageland
I don't want to hear about what the rich are doing
I don't want to go to where the rich are going
They think they're so clever, they think they're so right
But the truth is only known by guttersnipes

Nous sommes un groupe de garage
Nous venons du pays du garage
Je ne veux pas savoir ce que les riches font
Je ne veux pas aller où les riches vont
Ils se croient si intelligents, si forts
Mais la vérité est seulement connue des vauriens.

On peut venir du pays du garage et contribuer à changer le monde, pour soi et pour les autres, en montrant à tous que tout est possible, si l'on se prend en main, que l'on suit son propre chemin et que l'on impose ce que l'on est. C'est ce qu'exprimeront également les Sex Pistols, l'autre grand groupe punk anglais, dans leur chanson *God Save the Queen* : « *Don't be told what you want, / Don't be told what you need* » (« Ne laisse personne te dire ce que tu veux, / Ne laisse personne te dire ce dont tu as besoin »).

1. Charles Shaar Murray, relatant sa critique de l'époque dans son article « Joe is dead, but The Clash are immortal », *The Telegraph*, 5 avril 2003.

Ce qui compte, c'est la volonté de ne faire ni concessions ni compromis : « Nous voulons le maximum, / Rien d'autre et rien que ça / Nous serons le maximum, / Et j' t'assure qu'on le sera », chantait ainsi le groupe punk français Oberkampf au début des années quatre-vingt dans leur chanson *Maximum*.

7

Agir par soi-même

L'universitaire Fabien Hein fait débuter son livre *Do It Yourself. Autodétermination et culture punk* par une citation de Thucydide : « Il faut choisir, se reposer, ou être libre[1]. » C'est la dernière partie du triptyque : agir par soi-même, après donner du sens et affirmer que tout est possible. « Vi[vre]. Concrètement. Sans différé. Sans l'aval de quiconque. Par l'engagement et par l'action. Avec l'autonomie et l'indépendance pour horizon. L'émancipation pour élan. L'autodétermination pour tout bagage[2]. »

Cela suppose de s'approprier sa vie afin d'en tirer tout l'univers des possibles. Chacun peut et doit agir par lui-même, s'imposer et être fier de ce qu'il est.

*

En dehors de l'époque et du mode d'expression, il n'existe aucune différence entre le message des poètes révoltés et le cœur de la philosophie punk : le DIY,

1. Thucydide, *Histoire de la guerre du Péloponnèse.*

2. Fabien Hein, *Do It Yourself. Autodétermination et culture punk*, Le Passager clandestin, 2012.

« *Do it yourself* », fais-le toi-même, cette appropriation de soi et du monde.

Le DIY, c'est le fait de concevoir et de construire quelque chose par soi-même, qu'il s'agisse d'une musique, d'un vêtement ou d'un objet. C'est le fait de valoriser l'acte de création individuelle, avec toutes ses imperfections. C'est le fait de ne compter que sur soi-même. C'est un appel à la fois à l'émancipation individuelle et à l'engagement collectif. Émancipation individuelle, car, comme l'a dit Joe Strummer : « Je n'attendais rien des autres. Ça a été très important, dans le punk, de savoir que personne n'allait vous aider[1]. » Engagement collectif, car, « pour changer quelque chose, il faut être soit anarchiste, soit activiste, ça ne sert à rien de rester prostré et ballotté par la société[2] ».

Mais le DIY, c'est aussi et surtout affirmer que chacun peut passer à l'acte et agir par lui-même : *do it yourself*, fais-le toi-même... Lorsque le groupe The Clash débute, son bassiste, Paul Simonon, ne sait pas jouer de la basse et colle des antisèches indiquant les notes et les accords sur le manche, sous les cordes. Joe, le chanteur et guitariste, prend le nom de « Strummer » du verbe « *to strum* », qui signifie gratter les cordes fortement, parce qu'il « ne peu[t] jouer que les six cordes [de sa guitare] à la fois, ou aucune[3] ». Il expliquera qu'il était incapable de viser les cordes, de les distinguer entre elles, de les jouer séparément, il utilisait sa main droite pour les jouer

1. Jean-Philippe Gonot, *The Clash*, 2017.
2. *Ibid.*
3. *Ibid.*

toutes à fond, tout le temps... « Vous ne savez pas jouer », dit-on aux Sex Pistols après l'un de leurs premiers concerts. « Et alors ? » rétorquent-ils.

Le DIY est né notamment d'une illustration sur une pleine page d'un fanzine punk anglais en janvier 1977, *Sideburns* (numéro 1), dessinée par Tony Moon. L'illustration présentait un premier accord, puis un deuxième, et enfin un troisième, et se terminait par une injonction : « Et maintenant forme un groupe » (« *This is a chord. This is another. This is a third. Now form a band* »). Il n'y a pas besoin de savoir jouer, il suffit d'y croire et de se lancer. Le DIY, c'est se libérer des règles et des contraintes et considérer que tout est possible. Ce qui compte, ce n'est pas le savoir-faire ou la maîtrise, c'est l'énergie, la détermination et l'émotion brute. C'est exactement le regard de Baudelaire qui, dans son *Salon de 1846*, présentait le poète Victor Hugo, qui maîtrisait parfaitement la technique du vers, comme un « ouvrier beaucoup plus adroit qu'inventif ». Il opposait Hugo au peintre Eugène Delacroix, « quelquefois maladroit, mais essentiellement créateur », aux tableaux « naïvement conçus, [mais] exécutés avec l'insolence accoutumée du génie[1] ».

« L'élan de rébellion revendicatrice [...] est à l'origine du génie[2] », disait Artaud. C'est là aussi le cœur du punk. Dans son livre *Lipstick Traces. Une histoire secrète du XXe siècle*, le journaliste et critique musical Greil Marcus écrit ainsi que le punk procède d'un « besoin urgent de vivre non pas comme objet

1. Charles Baudelaire, *Salon de 1846*, IV.
2. Antonin Artaud, *Van Gogh, le suicidé de la société*, 1947.

mais comme sujet de l'histoire – de vivre comme si quelque chose dépendait réellement de notre propre action – et ce besoin urgent débouche sur un champ libre ». C'est le mot d'ordre des Ramones, un des plus grands groupes punks américains, « *Hey! Ho! Let's go!* » (« Hé ! Ho ! On y va ! »), dont les chansons duraient en moyenne moins de deux minutes, et qui les enchaînaient en concert sans la moindre interruption.

Cet élan, c'est la « *straight energy* », l'énergie pure, selon le mot de Tommy Ramone, le batteur des Ramones. Quelque chose de primitif, brut, vrai, dans l'urgence, qui submerge et envahit... Il n'y a pas dans le punk de solo d'instruments, pas de démonstrations techniques inutiles. Les chansons sont courtes, dépouillées, nues, crues. Ces chansons doivent être à l'image de nos vies. Elles rejettent toute prétention et sont, par exemple, à l'opposé du « *classic rock* » ou du « *progressive rock* », auto-satisfaits, pleins de leur prétendue propre importance, dans la virtuosité et la démonstration de leur capacité à jouer. Dans le punk, les chansons reposent sur deux ou trois accords ; tout est dans l'émotion pure, le rythme, le sens. Craig O'Hara dira des Sex Pistols qu'ils « étaient une explosion de haine et de désespoir. Regardant la vie en face, ils criaient frustration, insignifiance, répugnance ». Il n'y a rien de plus puissant, pas de meilleure illustration possible que la rage, l'énergie pure et irrésistible de Johnny Rotten, le chanteur des Sex Pistols, dans la chanson *Anarchy in the UK*. Greil Marcus écrira à son sujet : « Il vit ce qu'il dit, il est ce qu'il hurle ». Rien ne peut plus être pareil après l'écoute de ce morceau.

Le DIY, enfin, c'est oser agir en dehors de tout cadre, sans règle, sans crainte, sans bornes et sans avoir peur d'exposer ses propres limites. Ce qui compte, c'est l'expression d'une émotion, d'une volonté, d'une rage, d'une énergie. Pas besoin de virtuosité ou de technicité, l'important est d'être vrai, authentique, pur, brut. Dans un tel cadre, tout le monde peut agir. En refusant les règles, on affirme que tout est possible.

En ce sens, le DIY démultiplie notre capacité d'action et d'émancipation. L'action prime sur les discours. C'est comprendre qu'on est capable de tout faire par soi-même. « C'est pour les analphabètes que j'écris[1] », dit Artaud ; « Van Gogh [...] peint pour les simples d'esprit[2] », ajoute Évelyne Grossman. T. V. Smith, le chanteur du groupe punk The Adverts, l'exprimera dans leur chanson phare, *One Chord Wonders* :

> *I wonder what we'll play for you tonight. /[...]*
> *I wonder how we'll answer when you say*
> *"We don't like you, go away,*
> *Come back when you've learned to play!" / [...]*
> *The wonders don't care – we don't give a damn!*
>
> Je m' demande ce que nous allons jouer
> pour vous ce soir. / [...]
> Je m'demande ce que nous allons répondre
> quand vous direz
> « On vous aime pas, cassez-vous,

1. Antonin Artaud, dans le préambule parachevé en août 1946 pour ses *Œuvres complètes*.
2. Évelyne Grossman, *Artaud, « l'aliéné authentique »*, Farrago, 2003.

> Revenez quand vous aurez appris à jouer ! » / [...]
> Les merveilles s'en fichent – nous, on s'en fout !

La poésie révoltée comme le punk hurle que « l'avenir reste à écrire » : « *The Future Is Unwritten* », comme est titré un documentaire sur Joe Strummer. C'est la « *blank generation* » de Richard Hell, pionnier du mouvement punk, la « génération vide », mais qui veut aussi dire que tout est possible, que le vide est à remplir, qu'il nous appartient d'écrire l'histoire à partir d'une page blanche...

*

Agir par soi-même, c'est aussi savoir s'imposer, s'affirmer, et ne pas avoir peur d'être soi-même ni de s'opposer.

Il n'y a pas de plus belle et forte illustration que celle de Jean Genet dans son *Journal du voleur*, alors qu'un tube de vaseline est trouvé dans sa poche par la police lors de son arrestation en Espagne. Dick Hebdige décrit ainsi ce moment au début de son ouvrage *Subculture: The Meaning of Style*, en s'appuyant sur les citations mêmes de Genet :

> Ce « misérable objet sale » qui proclame son homosexualité à la face du monde, devient pour Genet [...] le « signe encore d'une grâce secrète qui allait bientôt me sauver du mépris ». [...] Dans sa cellule, « l'image de ce tube de vaseline ne me quitta plus. [...] J'étais sûr que ce chétif objet si humble leur tiendrait tête, par sa seule présence il saurait mettre dans tous ses états toute la police du monde ; il attirerait sur soi les mépris, les haines, les rages blanches et muettes. » [...]

Quand il se souvient de son humiliation aux mains des policiers, Genet trouve une consolation dans le tube de vaseline, qui devient un symbole de son « triomphe » : « J'aurais préféré verser mon sang que répudier cet objet tout bête »[1].

Il faut assumer sa différence et faire entendre sa voix. C'est la condition de la liberté, résumée en quelques phrases par les Sex Pistols dans leur chanson déjà citée, *God Save the Queen* :

Don't be told what you want
Don't be told what you need
There's no future, no future,
No future for you
We're the flowers in the dustbin
We're the poison in your human machine
We're the future, your future

Ne laisse personne te dire ce que tu veux.
Ne laisse personne te dire ce dont tu as besoin.
Il n'y a pas d'avenir, pas d'avenir,
pas d'avenir pour toi.
Nous sommes les fleurs dans la poubelle.
Nous sommes le poison dans votre machine humaine.
Nous sommes l'avenir, votre avenir.

Cela passe par le refus absolu du *statu quo* et le rejet de ceux que Rimbaud appelait « les Assis » dans son poème éponyme. « Les Assis », ce sont tous ceux qui restent immobiles, prostrés, qui ont peur de l'inconnu

1. Dick Hebdige, *Subculture: The Meaning of Style,* Methuen & Co., 1979, trad. Marc Saint-Upéry, *Sous-culture. Le sens du style*, coll. Zones, La Découverte, 2008.

et du changement. Cette poésie est une charge violente contre tous ceux qui empêchent de sortir du cadre, qui interdisent l'espérance de l'ailleurs et l'exaltation de la nouveauté. Elle était dirigée tout à la fois contre le bibliothécaire de Charleville, qui renâclait à lui apporter les livres qu'il demandait, les douaniers, qui l'empêchaient de franchir la frontière belge, et plus largement contre ceux qui restent toujours greffés « aux grands squelettes noirs / De leurs chaises[1] ». « Les Assis », ce sont les bourgeois, au sens de ceux qui pensent qu'ils pensent bien, et que les autres pensent mal, de ceux qui pensent qu'il y a une bonne, et une mauvaise pensée. Les bourgeois, que Flaubert vomissait.

C'est ce même rejet, cette même rage, cette même volonté de faire vomir le bourgeois, ce même désir de liberté et d'opposition, que l'on retrouve dans la chanson *Number One Enemy* du groupe punk féminin The Slits :

You sit up there deciding my future
What the fuck do you think you are
Changing buses and raising taxes
Changing things as you please
You want me to take part of it
Like all the people
And you want to swallow me
But you might get indigestion 'cause
I'm going to be your Number one enemy
If you like white, I'll be black
If you like black, I'll be yellow
If you like rational, I'll be impossible
If you like reasonable I'll be insane

1. Arthur Rimbaud, « Les Assis », *Poésies (1870-1871)*.

If you like peace and flowers
I'm going to carry knives and chains
I'm going to be your Number one enemy
Give me ten and I'll take hundreds
Give me hundreds, I'll need thousands
Never mind what you think
Never mind what people say
Don't try to be nice to me
'Cause I'm your enemy
Don't be inflexible
I'm going to be your Number one enemy
All for the hell of it

Tu te lèves pour décider de mon avenir.
Mais tu te prends pour qui
à changer les bus et à augmenter les impôts ?
à changer les choses selon ton bon plaisir ?
Tu veux que je participe,
comme tous les autres,
pour mieux m'avaler.
Mais tu vas avoir une indigestion, car
je vais être ton ennemi numéro un.
Si tu aimes le blanc, j'aime le noir ;
si tu aimes le noir, j'aime le jaune ;
si tu aimes ce qui est rationnel, je serai à l'opposé ;
si tu aimes le raisonnable, je serai folle ;
si tu aimes la paix et les fleurs,
je porterai des couteaux et des chaînes.
Je vais être ton ennemi numéro un.
Donne-moi dix et je prendrai des centaines ;
donne-moi des centaines et je prendrai des milliers.
Je me fous de ce que tu penses,
je me fous de ce que les gens disent.
N'essaie pas d'être agréable avec moi,
je serai ton ennemi numéro un.

Ne sois pas inflexible,
je serai ton ennemi numéro un.
Tout ça pour le plaisir.

Il faut être soi, fier de ce que l'on est sur le fond comme sur la forme, se libérer de tout code et contrainte, vivre, penser, agir et s'habiller comme on l'entend. Il existe de ce point de vue un parallèle entre punk et dandysme. Le dandysme vise à maîtriser sa vie par une apparence, faite de subtile opposition et de révolte raffinée. Le dandy est un révolté. « Tous sont des représentants de ce qu'il y a de meilleur dans l'orgueil humain, de ce besoin, trop rare chez ceux d'aujourd'hui, de combattre et de détruire la trivialité[1]. » En s'affirmant ainsi lui-même, le dandy cherche à forger une identité, son identité, par opposition à la « répugnante utilité » que Baudelaire rattache au système de valeurs bourgeois. Dans son ouvrage déjà cité, *The Meaning of Style*, Dick Hebdige décrit l'émergence du style vestimentaire punk comme un choix idéologique. Il s'agit de choquer. Ce style est un geste de défi ou de mépris, un ricanement subversif. À l'image du tube de vaseline de Genet, les objets les plus triviaux – une épingle à nourrice, une chaussure à bout pointu ou à coques – prennent une dimension symbolique, sont comme un stigmate, symboles d'un exil volontaire. Baudelaire avait les cheveux verts, comme Johnny Rotten un siècle plus tard…

Être soi-même, c'est retrouver ce qui nous unit à la vie. Thoreau dira ainsi de son expérience à Walden « que si l'on avance hardiment dans la direction de ses

1. Charles Baudelaire, *Le Peintre de la vie moderne*, 1863, chap. « Le dandy ».

rêves, et s'efforce de mener la vie qu'on s'est imaginée, on sera payé de succès inattendu en temps ordinaire[1] ». La première des priorités, c'est l'affirmation de soi, vivre intensément et pleinement sa vie. C'est penser par soi-même et ne laisser personne dicter sa vie, ce que nous devons faire ou penser. Ce que Lautréamont appelle « le besoin de l'infini[2] », une exigence d'absolu, l'Antigone de Jean Anouilh le résumera ainsi :

> Vous me dégoûtez tous, avec votre bonheur ! Avec votre vie qu'il faut aimer coûte que coûte. [...] Moi, je veux tout, et tout de suite, – et que ce soit entier – ou alors je refuse ! Je ne veux pas être modeste, moi [...] Je veux être sûre de tout aujourd'hui et que cela soit aussi beau que quand j'étais petite – ou mourir[3].

Vivre sans absolu, c'est vivre sans idéal. Il nous appartient de devenir ce que nous sommes, de refuser de vivre une vie par procuration, de refuser le déterminisme et le fatalisme, de refuser d'être le fruit involontaire de notre histoire et de notre milieu. Il nous appartient de nous construire et de choisir la vie que nous voulons. Il faut opposer la « *high energy* » à l'atonie dominante. « *No rule, no fear, no limit* » doit être le mot d'ordre. Il signifie qu'il faut savoir prendre et assumer des risques plutôt que jouer la prudence en toute circonstance.

« Votre confort, vos progrès, nous vous conseillons de les appliquer aux meilleurs systèmes d'enterrements

1. Henry David Thoreau, *Walden ou la Vie dans les bois*, 1854, Conclusion.
2. Lautréamont, *Les Chants de Maldoror*, 1869, ch. I.
3. Jean Anouilh, *Antigone*, 1944, publ. 1946.

collectifs », écrit Roger Nimier dans *Le Hussard bleu*. Et il ajoute : « Car, lentement, vous allez disparaître de cette terre, sans rien comprendre à ces fracas, à ces rumeurs, ni aux torches que nous agitons[1]. »

Il ne faut pas se taire, car se taire, c'est se placer en situation de soumission. Il faut s'engager et résister. Refuser que la fin du progrès provoque une perte du sens. Refuser l'avènement d'une société narcissique et affinitaire.

Il faut imaginer un avenir commun, définir un horizon, réapprendre à vivre ensemble.

1. Roger Nimier, *Le Hussard bleu*, 1950, Ire partie, Sanders.

Troisième partie

Être ensemble

Être ensemble, c'est d'abord retrouver le sens de ce qui nous unit, mais c'est aussi définir une ambition collective et vouloir partager un même destin. C'est affirmer que ce qui nous rassemble, ce que nous voulons accomplir ensemble, est plus fort que ce qui nous sépare. Cela implique, comme nous l'avons vu, de commencer par soi, de trouver ce qu'il y a en soi d'essentiel et de comprendre ce qui donne sens à chacun de nous. Cela repose ensuite sur la mise en place d'un pacte social, un contrat d'association permettant à tous d'avoir les mêmes devoirs, bien sûr, mais aussi de bénéficier des mêmes droits, des mêmes protections et des mêmes sécurités. Mais cela ne suffit pas. Pour pouvoir vivre et avancer ensemble, il faut une adhésion, une envie et une volonté partagées, ce que l'historien Ernest Renan appelait un « plébiscite de tous les jours[1] », il faut des valeurs qui nous réunissent et qui nous portent.

Il appartient à chaque société de définir ces valeurs communes, ce qui fonde en son sein le vivre-ensemble. Ces valeurs sont diverses et multiples : politiques,

1. Ernest Renan, conférence donnée à la Sorbonne le 11 mars 1882.

économiques, sociales, culturelles, etc. Elles résultent, bien sûr, de l'histoire et de la culture de chacune de ces sociétés, elles se forgent dans le temps long, mais elles doivent aussi être soumises à débat et réinventées à chaque instant, pour relever d'une approbation démocratique et être validées par la majorité. Dit autrement, cela implique de faire un choix de société. Et de vérifier à chaque instant qu'il est toujours valide.

Mes valeurs personnelles sont dites traditionnellement de gauche. Elles reposent sur le refus de ce qui est, le refus des situations acquises, des rentes et des privilèges, sur l'affirmation que tout est toujours possible et que rien n'est jamais figé, qu'il est possible d'agir à tout moment pour changer les choses.

Ce qui fonde mon engagement, c'est la conviction que l'inégalité est un phénomène social, et non un phénomène naturel. Certes, on naît homme ou femme, petit ou grand, beau ou laid, brun ou blond, mais avec exactement les mêmes droits et le même potentiel. C'est la société qui engendre ensuite les inégalités. C'est l'environnement social qui distingue entre les individus, en fonction notamment du genre et des origines familiales, géographiques ou sociales.

Le combat premier est donc d'agir pour refuser toute fatalité et le hasard d'un tri social infondé. Il faut corriger les inégalités, les dénaturaliser, pour permettre à chacun d'échapper à un prétendu destin déjà tracé et de construire son propre avenir.

Pour atteindre cet objectif, ce qui compte, c'est de donner à chaque citoyen les moyens d'agir sur sa vie, de pouvoir la changer, de la choisir ; c'est de lui permettre de pouvoir progresser et de ne plus subir, d'être sujet de son propre destin et non plus simplement objet. Donner ainsi à chacun les moyens d'agir sur sa vie exige l'égalité des chances comme celle des places. L'une et l'autre. Pour illustrer ce que cela signifie, prenons l'image d'une course de cent mètres, et rapportons-la au parcours d'une vie. L'égalité des chances se joue au départ de ce cent mètres : elle vise à garantir que nous sommes tous sur la même ligne de départ de cette course qu'est la vie, tous égaux, personne devant la ligne et personne derrière, pas de privilégié ni de défavorisé. Cette égalité des chances repose notamment sur l'égal accès à l'éducation, à la culture, à la sécurité, au système de soins. L'égalité des places, elle, est à mettre en œuvre à la fin de la course, plus tard dans la vie. Elle consiste à donner une seconde chance à tous ceux qui n'ont pas pu bien courir, qui ont mal fini, ou qui ont trébuché en chemin, sans pénaliser ceux qui sont arrivés en premier. Tous doivent avoir l'opportunité de reprendre leur vie en main. La société doit leur offrir la possibilité d'un deuxième départ. Cela passe notamment par la formation continue, la mobilité sociale, ou la flexibilité des parcours. Mes valeurs sont celles d'une société du possible, une société où tout est possible pour chacun.

Mais au clivage traditionnel entre la gauche et la droite s'en substitue aujourd'hui un autre, qui le recoupe en partie sans pour autant se confondre avec lui, et qui devient plus important encore. C'est le clivage entre ouverture et fermeture. Le monde a profondément changé et évolué depuis les Lumières, la Commune, le Front populaire… Les combats d'il y a plus de deux cents ans, cent ans, ou plus récents, ne sont plus nécessairement valables aujourd'hui. Ils font bien partie de notre héritage commun, mais les lignes de fractures ont bougé. De nouveaux enjeux, majeurs, apparaissent. Nous l'avons vu, nous sommes à un moment particulier de notre histoire, à la veille d'une grande rupture. Le monde n'est plus coopératif, la machine économique est durablement cassée, les inégalités explosent, le populisme prospère. D'un côté se trouve une hyper-élite, hyper-riche, très réduite et mondialisée, et de l'autre l'écrasante majorité de la population, paupérisée, précarisée, dont la situation se détériore continûment. Disparition de la croissance, chômage de masse, explosion des inégalités, tout cela détruit l'espoir et sape l'avenir, efface les repères, supprime tout progrès possible. Cela conduit à une société des extrêmes qui nourrit le repli sur soi et le rejet de l'autre, à une société de boucs émissaires, comportant nécessairement un coupable, et où ce coupable est toujours l'autre, quel qu'il soit. L'autre : celui qui n'est pas comme nous.

C'est précisément dans le rapport à l'autre que se déploie le clivage entre l'ouverture et la fermeture, qui embrasse toutes les questions de société actuelles. L'ouverture, c'est la reconnaissance de la différence, c'est son acceptation, et ce quelle que soit cette différence : religieuse, ethnique, sexuelle, politique... Accepter la différence, c'est accepter l'autre, dans son étrangeté et dans sa richesse. C'est faire de cette diversité une force. C'est refuser le repli sur soi, guerrier et mortifère.

Il y a urgence aujourd'hui à réinventer un destin commun, un lien qui nous unit, une espérance collective. Nous devons réapprendre à être ensemble et à nous réapproprier une part de rêve. À défaut, les dysfonctionnements majeurs de nos sociétés – exclusion, pauvreté, inégalités –, la montée des populismes et des conservatismes, leur fermeture sur elles-mêmes, conduiront à leur asphyxie et à leur explosion en plein vol. Il nous appartient de nous engager pour changer les choses et donner du sens, pour refuser ce qui est et nous battre pour le changer, pour inventer d'autres possibles.

Les chantiers et les leviers sont, bien sûr, multiples et divers, nombreux et complexes, mais il y a trois sujets prioritaires, par lesquels absolument commencer, car ils constituent le ciment de notre société et commandent tout le reste : les inégalités, l'éducation et la culture, la démocratie.

8

Une société du partage

Jamais les inégalités n'ont été aussi fortes. Elles sont une bombe placée au cœur même de nos sociétés, les menaçant d'explosion à tout moment. Le modèle capitaliste et libéral n'a servi qu'à protéger les droits et privilèges de quelques-uns et s'est avéré incapable d'offrir de la dignité à tous. Les valeurs de confiance, de coopération, de dialogue, de solidarité ont disparu. À leur place prévaut désormais un état permanent de ressentiment, d'anxiété et de peur du lendemain, de rage de ceux qui ont tout perdu – ou rien gagné – et qui voient s'étaler devant eux les signes extérieurs de richesse des « *happy fews* », de ceux qui ont tout pris.

Les inégalités ont atteint un niveau injustifiable, insupportable et insoutenable. Ce n'est pas nouveau dans l'histoire. Dans son livre lumineux et prophétique *The Great Leveler*, l'universitaire américain Walter Scheidel montre comment, tout au long de l'histoire de l'humanité, les inégalités ont toujours suivi le même cycle : une hausse continue jusqu'au moment où, atteignant un niveau insupportable, un choc violent se produit pour les ramener à un étiage acceptable[1]. Une fois revenu à cette sorte de plancher, un nouveau cycle commence, et les écarts se creusent une fois encore jusqu'à prendre une ampleur insupportable et provoquer un nouveau choc. Et ainsi de suite...

Ainsi, « les premiers 1 % » – ce centième de la population qui concentre une part très importante de la richesse globale – remontent à très longtemps. James C. Scott a ainsi montré, dans son ouvrage *Homo domesticus*, que c'est l'apparition dans les toutes premières communautés humaines de l'agriculture, notamment des céréales, et de la domestication, qui ont rendu possible le stockage, donc l'accumulation et la formation des inégalités[2]. L'apparition des premiers États a ensuite permis non seulement de maintenir et protéger ces inégalités, mais également de créer de nouvelles rentes de situation et de les creuser plus encore. Walter Scheidel donne deux exemples anciens : l'Empire romain, il y a deux mille ans, où les 1 % les plus riches capturaient jusqu'à 30 % du revenu total, et la Chine des Han de 206 av. J.-C. à 220 apr. J.-C. Si on regarde les cycles d'inégalités sur le très long terme, on observe bien le mouvement cyclique décrit par Walter Scheidel : une hausse continue des inégalités jusqu'à l'Empire romain puis une chute au moment de son effondrement au

1. Walter Scheidel, *The Great Leveler: Violence and the History of Inequality from the Stone Age to the Twenty-First Century*, Princeton University Press, 2017 ; trad. Cédric Weiss, *Une Histoire des inégalités de l'âge de pierre au XXIe siècle*, Actes Sud, 2021.

2. James C. Scott, *Against the Grain: A Deep History of the Earliest States*, Yale University Press, 2017 ; trad. Marc Saint-Upéry, *Homo domesticus. Une histoire profonde des premiers États*, La Découverte, 2019.

ve siècle apr. J.-C., une hausse à nouveau régulière puis une chute soudaine au moment de l'apparition de la peste noire au XIVe siècle, une hausse à nouveau continue jusqu'à une nouvelle chute au moment de la crise de 1929 et des deux guerres mondiales, et puis une augmentation constante et soutenue depuis.

Aujourd'hui, les inégalités ont à nouveau atteint un niveau insupportable et inacceptable pour la société. Le fait est que la démocratie ne permet pas de les réduire, au contraire, alors qu'elles sont une menace pour celle-ci. Comme l'avait dit un jour Louis Brandeis, juge à la Cour suprême des États-Unis entre les deux guerres mondiales : « Nous pouvons avoir une démocratie dans ce pays, ou nous pouvons avoir une grande richesse concentrée dans les mains de quelques-uns, mais nous ne pouvons pas avoir les deux[1]. » Est-il normal, comme l'a souligné Hillary Clinton lors de la campagne présidentielle américaine de 2016, que les vingt-cinq plus grands gestionnaires de fonds spéculatifs gagnent chaque année plus que la totalité des professeurs de maternelle aux États-Unis ? Est-il moral que les soixante personnes les plus riches du monde possèdent une fortune égale au patrimoine détenu par la moitié de la population mondiale, soit plus de 3,5 milliards de personnes ? Est-il acceptable que les fameux 1 % les plus riches possèdent 50 % de la richesse mondiale ? Quel sens a un monde dans lequel les inégalités sont devenues aussi obscènes ?

Dans *Capitalisme. Une histoire de fantômes*, l'écrivaine indienne Arundhati Roy décrit ainsi Antilia, la tour privée que Mukesh Ambani, l'homme le plus riche

1. Cité par Walter Scheidel, *The Great Leveler*, *op. cit.*

d'Inde et l'un des plus fortunés du monde, à la tête du conglomérat Reliance Industries Limited, s'est fait construire sur les hauteurs de Bombay[1] :

> J'avais lu des articles au sujet de cette résidence, la plus chère jamais construite, avec ses vingt-sept étages, ses trois plateformes pour hélicoptères, ses neuf ascenseurs, ses jardins suspendus, ses salles de bal, ses stations météorologiques, ses salles de sport, ses six étages de parking et ses six cents domestiques. Rien ne m'avait préparée au mur végétalisé – une immense pelouse fixée sur une grille en métal qui se dresse jusqu'en haut des vingt-sept étages.

Et avec un humour féroce, faisant référence à la théorie dite du « ruissellement », le *trickle-down*, selon laquelle les plus pauvres finissent par bénéficier de la richesse des plus aisés, et à celle du « jaillissement », le *gush-up*, selon laquelle la concentration des ressources et des richesses s'effectue aux dépens des plus pauvres, Arundhati Roy d'ajouter :

> L'herbe était sèche par endroits ; ça et là des morceaux s'étaient détachés en rectangles réguliers. Manifestement, le *trickle down* n'avait pas marché. Le *gush up*, en revanche, a assurément fonctionné. Voilà pourquoi dans cette nation de 1,2 milliard d'habitants les cent personnes les plus riches détiennent l'équivalent d'un quart du PIB.

Quelle justification peut-on trouver à un tel écart de niveau de vie, à de telles inégalités ? Aucune bien entendu, et nous sommes à un moment de bascule.

1. Arundhati Roy, *Capitalism: A Ghost Story*, Haymarket Books, 2014 ; trad. Juliette Bourdin, *Capitalisme. Une histoire de fantômes*, Gallimard, 2016, chap. 1.

Là encore, les enseignements du passé sont éclairants. Walter Scheidel montre que quatre types de chocs se sont historiquement produits lorsque les inégalités ont atteint un tel niveau, qu'il appelle les « quatre cavaliers de l'apocalypse ».

Le premier est la guerre, particulièrement celle se traduisant par une mobilisation de masse, et qui a pour effet de niveler les inégalités et de rétablir un équilibre au sein de la population en raison d'une combinaison de facteurs : hausse des salaires dans un contexte où la main-d'œuvre est plus rare, droits nouveaux donnés pour aider à la mobilisation (subventions, contrôle des loyers, État providence, etc.), inflation – ce qui engendre une érosion de la valeur des obligations et des dépôts –, destruction physique du capital... On peut ainsi penser aux guerres du Péloponnèse dans la Grèce antique entre Athènes et Sparte, aux guerres napoléoniennes, à la guerre de Sécession américaine, ou aux deux guerres mondiales.

Le second type de choc est la révolution. Les précédents historiques sont nombreux. La Révolution française, bien sûr, dont les origines sont connues et qui est survenue dans un contexte explosif, marqué notamment par de nombreuses émeutes liées à la faim, un chômage très élevé, une haine des accapareurs, ces riches spéculateurs qui profitent de la crise. « Que le riche paye, puisqu'il n'est pas digne, le plus souvent, de combattre pour la liberté[1] », dira ainsi Danton. L'exigence d'égalité apparaît. De nombreux Parisiens peignent les façades de leurs maisons d'un « Liberté, Égalité, ou la mort », Robespierre propose en 1790 que les mots

1. Discours devant la Convention du 8 mai 1793.

« Liberté, Égalité, Fraternité » soient inscrits sur les uniformes et sur les drapeaux, mais il faudra attendre 1848 pour qu'ils deviennent la devise de la République. La révolution russe de 1917 est un autre exemple, qui conduit le Comité central à décider secrètement en janvier 1919 de « mettre en œuvre une terreur de masse contre les Cosaques riches, qui devront être exterminés et physiquement liquidés jusqu'au dernier[1] », et qui supprime la propriété privée de la terre et des entreprises ; ou encore la révolution chinoise de 1949, qui conduira à redistribuer en moins de deux ans près de 50 % de la propriété foncière. De nombreuses révoltes n'ont pas accouché de révolutions, mais ont conduit à des bouleversements radicaux, à l'image de la révolte des Taiping en Chine de 1851 à 1864, qui proclame l'abolition de la propriété privée et collectivise les terres cultivables, de la révolte menée par Zapata au Mexique au début du XXe siècle, qui répartit les grands domaines des haciendas entres les paysans qui y travaillaient, ou encore de la grande révolte des paysans en Angleterre en 1381. Menée par John Wyclif et ses partisans, les Lollards, celle-ci remet en cause la richesse de l'Église et des nobles bâtie sur l'exploitation des paysans. Un de ses leaders, John Ball, s'exprimait ainsi :

> De quel droit ceux que nous nommons « seigneurs » dominent-ils sur nous ? En quoi l'ont-ils mérité ? Pourquoi nous tiennent-ils en servage ? Et si nous venons tous des mêmes parents, Adam et Ève, en quoi peuvent-ils dire ou

1. Journal *Izvestiia TsK KPSS*, 1989, n° 6, p. 177-178. De 1989 à 1991, dans le cadre de la perestroïka, ce nouveau journal du Comité central a présenté une sélection de comptes rendus de l'ère pré-Gorbachev.

prouver qu'ils valent mieux que nous, à part que nous labourons ce qu'ils dépensent[1] ?

Le troisième type de choc est l'effondrement, celui d'une civilisation ou d'un État sur lui-même, en raison notamment d'un épuisement et d'une asphyxie de la société liés à une extrême concentration de la richesse, un trop grand cloisonnement social, une corruption endémique et un repli sur soi pour protéger les rentes acquises. Bref, un tel effondrement résulte d'une décadence longue et conduisant à une dislocation... Là encore les exemples sont nombreux, de la chute de l'Empire romain en 476, à celle de la dynastie Tang en Chine en 907, en passant par la fin de l'Empire hittite en Anatolie au XIIe siècle av. J.-C.

Le dernier type de choc violent mis en avant par Walter Scheidel, dans son livre écrit et publié avant l'apparition du Covid, est précisément celui résultant des épidémies. La peste antonine qui touche l'Empire romain au IIe siècle, la peste justinienne qui affecte tout le bassin méditerranéen au VIe siècle, la peste noire qui dévaste l'Europe au XIVe siècle, décimant selon les estimations entre 25 et 45 % de la population totale, toutes ces épidémies ont eu les mêmes effets de nivellement sur les inégalités par la hausse des salaires et la baisse du prix des terres et de la nourriture. Le paradoxe, néanmoins, est que si la crise du Covid a bien rendu plus visibles des inégalités sociales – comme l'organisation du travail entre ceux qui pouvaient le mener depuis leur maison et ceux qui devaient se déplacer,

1. Des *Chroniques* de Jehan Froissart, au chap. CVI (chroniques médiévales écrites en moyen français au XIVe siècle).

mais aussi celles liées au logement, à l'éducation ou à l'accès aux soins –, elle a plus encore creusé les inégalités financières.

Nous sommes à un même moment de bascule, où les inégalités ont à nouveau atteint un niveau injustifiable et insoutenable, et où, si nous n'agissons pas, un nouveau choc violent va se produire, qu'il s'agisse d'un effondrement, d'une guerre massive ou d'une révolution.

*

Que faire ? On peut et on doit, bien sûr, accroître les mesures de redistribution, à la fois pour des raisons d'efficacité économique, mais aussi de justice sociale, et tout simplement morales. Celles-ci doivent reposer sur une combinaison d'actions : un meilleur et plus juste partage de la richesse créée par les entreprises, plus favorable aux salariés et moins aux actionnaires ; la mise en place de mécanismes d'intéressement, sous la forme notamment de distributions d'actions, bénéficiant à l'ensemble des salariés et non plus aux seuls dirigeants ; une réforme fiscale visant à taxer le revenu de manière plus progressive encore, imposant plus les grandes fortunes et les successions (imposées comme un revenu au-dessus d'un certain montant), taxant le capital plus que la rémunération du travail, la rente plus que le risque, et pénalisant de manière particulièrement forte le capital non investi dans l'économie productive (à l'image d'un impôt sur la fortune immobile) ; une plus grande coopération internationale pour appréhender et taxer les profits des grandes entreprises mondiales, et la création d'un registre mondial pour empêcher l'évasion fiscale des plus riches ; la mise en place de politiques publiques visant à protéger la valeur des actifs des plus pauvres par un mécanisme d'assurance (par exemple des actifs immobiliers) et à offrir un taux d'intérêt réel positif garanti sur l'épargne (jusqu'à un montant maximum par personne) ; ou encore une facilitation de l'accès au crédit pour que les plus riches ne soient pas les seuls à en bénéficier et que l'argent cesse enfin d'aller à l'argent.

*

Ces mesures sont nécessaires, mais elles ne seront pas suffisantes. C'est une véritable révolution qu'il faut réaliser aujourd'hui. Cette révolution doit reposer sur un nouveau paradigme, comme un changement de monde, qui est le suivant : il est possible, pour les États, de créer de la monnaie quasiment sans contrainte, et de l'utiliser pour financer, d'une part des dépenses d'intérêt général, d'autre part l'instauration d'un revenu universel.

*

Nous avons vécu pendant des siècles avec l'idée que la création monétaire était nécessairement limitée, comme une ressource rare. Nous avons même adopté en Europe une règle contraignant la création monétaire et interdisant ce que l'on appelle le financement monétaire des déficits publics. Cette norme a été consacrée par le traité de Maastricht de 1992, qui a posé le principe de l'indépendance des banques centrales et a interdit que la Banque centrale européenne (BCE) et les banques centrales nationales membres de la zone euro financent les États – c'est ce financement des États par les banques centrales que l'on appelle le financement monétaire de déficit public. L'objectif était d'assurer la stabilité des prix en empêchant qu'une banque centrale ou un État crée de la monnaie pour financer les dépenses publiques, alimentant ainsi l'inflation. Cette règle avait une double origine : d'une part le triste souvenir de la république de Weimar dans l'Allemagne des années trente, où l'inflation endémique et la crise économique et sociale à laquelle elle a conduit expliquent en grande partie la montée du nazisme ; d'autre part le principe de la convertibilité du dollar en or, hérité de la Seconde Guerre mondiale et consacré par le système de Bretton Woods, qui avait pour objet de rassurer sur la force de la monnaie dominante, le dollar, transformable à tout moment en une valeur refuge et limitée, l'or.

Cette règle de l'interdiction du financement monétaire du déficit public est très contraignante. Elle oblige l'État à financer ses dépenses – du paiement des fonctionnaires à la construction de routes ou d'hôpitaux – par seulement deux types de ressources. Le premier : l'impôt et les prélèvements divers sur les agents économiques, ménages et entreprises. Le second : la dette publique, en empruntant auprès des institutions financières et des agents économiques, pour couvrir le déficit budgétaire, c'est-à-dire la partie des dépenses supérieures aux recettes, l'équivalent d'un découvert pour les ménages. Mais l'État a l'interdiction de se tourner vers la Banque centrale pour financer ce déficit par un troisième type de ressources : la création monétaire.

J'ai moi-même appliqué professionnellement cette règle. J'ai été chargé de la gestion centralisée de la trésorerie de l'État au ministère des Finances pendant plusieurs années. J'ai été prisonnier de ce dogme, et je devais veiller chaque jour à ce que le compte bancaire unique de l'État à la Banque de France ne soit absolument jamais débiteur. Cela impliquait de s'assurer que les impôts et recettes diverses de l'État d'une part, et les emprunts à sa disposition d'autre part, permettent à tout moment de financer ses dépenses. Un compte débiteur à la Banque de France aurait signifié que celle-ci aurait fait une avance à l'État par de la création monétaire. Dit autrement et de manière plus concrète, cette règle de l'interdiction du financement monétaire de déficit limitait très fortement la possibilité de financer des dépenses d'intérêt général, puisqu'elles se trouvaient contraintes par la capacité à lever de l'impôt et de la dette.

Ce dogme, longtemps intangible, a volé en éclats au moment de la crise du Covid en 2020, sans que cela soit cependant jamais explicité ni assumé. Tout s'est passé comme si les dirigeants gouvernementaux et des banques centrales avaient choisi de cacher le changement profond de paradigme que nous avons vécu durant la pandémie. Le « quoi qu'il en coûte », mis en place à partir de mars 2020 pour limiter les conséquences économiques et sociales du Covid, a conduit à déverser, sur la France seule, près de 250 milliards d'euros jusqu'en décembre 2022, dont un tiers sous la forme de subventions – financement de l'activité partielle des salariés, fonds de solidarité aux entreprises – et deux tiers sous la forme de prêts garantis par l'État. Ces mesures, nécessaires pour compenser la perte de revenus liée aux confinements, ont été financées par une augmentation sans précédent du déficit budgétaire, du même ordre que la perte de revenu. Après un déficit budgétaire égal à 3 % de la richesse nationale en 2019, plafond imposé aux États européens par le traité de Maastricht, le déficit a ainsi atteint 9 % de la richesse nationale en 2020, 6,5 % en 2021 et 5 % en 2022. Aux États-Unis, où des mesures comparables pour limiter les effets du Covid ont été mises en œuvre, le déficit budgétaire a atteint 14,5 % en 2020 et 11 % en 2021, avant de retomber en 2022 à sa valeur de 2019, soit moins de 6 %.

Il faut comprendre que toutes ces mesures exceptionnelles et ces déficits budgétaires ont en réalité été financés par de la création monétaire. Cela n'a jamais été dit, mais c'est ce qui a été fait… en contradiction donc avec tous les dogmes et à toutes les règles qui prévalaient jusqu'alors, et ce par une forme de tour de passe-passe. Les États ont certes émis de la dette publique, ils ont certes emprunté pour se financer, mais cette dette publique a été achetée *in fine* par les banques centrales qui ont ainsi injecté massivement de la monnaie dans l'économie. Les banques centrales ont créé de la monnaie pour acheter la dette publique. Ce qui a été utilisé pour financer les déficits publics n'a donc été que très transitoirement de la dette, à laquelle s'est substituée ensuite quasi instantanément de la monnaie. C'est ce que l'on appelle le « *quantitive easing* ». Aux États-Unis, la création monétaire et le financement de l'économie ont même reposé sur une méthode plus directe et radicale encore, l'« *helicopter money* », qui consiste à faire des chèques directement aux ménages. En mars 2021, le président Joe Biden a ainsi mis en place un gigantesque plan de relance de 1 900 milliards de dollars, l'équivalent du PIB italien, par lequel tout Américain gagnant moins que 80 000 dollars par an a vu son compte en banque crédité jusqu'à 1 400 dollars. Le résultat de ces mesures ? Les bilans des banques centrales, qui reflètent précisément la quantité de monnaie mise en circulation dans l'économie, ont explosé. Alors qu'il était relativement stable jusqu'alors, le bilan de la Banque centrale européenne (BCE) est ainsi passé de 4 600 milliards d'euros environ en 2019 à 7 500 milliards d'euros en 2021. Celui de son homologue américaine, la Federal Reserve (Fed), a connu une progression de même ampleur.

La démonstration a ainsi été faite qu'il est possible de créer massivement de la monnaie pour financer des dépenses exceptionnelles.

C'était nouveau en pratique, mais pas en théorie. Le courant économique dit de la théorie monétaire moderne (TMM), popularisée récemment en France par la traduction du livre *Le Mythe du déficit* de l'économiste américaine Stephanie Kelton, montrait depuis des années que les déficits sont non seulement bons pour l'économie, mais nécessaires, et que leur financement pouvait être réalisé par création monétaire[1]. Comme l'avait reconnu malgré lui l'orthodoxe ex-président de la Fed Alan Greenspan devant le Congrès américain en 2005, en réponse à des questions insistantes des parlementaires, « *there is nothing to prevent the federal government from creating as much money as it wants*[2] » (« rien n'empêche

1. Stephanie Kelton, *The Deficit Myth: Modern Monetary Theory and the Birth of the People's Economy*, PublicAffairs, 2020 ; trad. *Le Mythe du déficit. La théorie moderne de la monnaie et la naissance de l'économie du peuple*, LLL, 2021.

2. House of Representatives, Committee on the budget, 2 mars 2005.

le gouvernement fédéral de créer autant de monnaie qu'il le souhaite »).

Cette déclaration fait écho à un échange, au tout début des années soixante, entre le président Kennedy et James Tobin, son conseiller et prix Nobel d'économie, échange cité par Stephanie Kelton dans son livre *Le Mythe du déficit*. À la question du président sur la limite d'un déficit budgétaire, James Tobin répond que la seule limite est l'inflation, ce qui conduit Kennedy à dire : « *The deficit can be any size, the debt can be any size, provided they don't cause inflation. Everything else is just talk* » (« Le déficit peut être de n'importe quelle taille, la dette peut atteindre n'importe quel montant, dès lors qu'ils ne créent pas d'inflation. Tout le reste n'est que vaines paroles »). De fait, cet échange est intervenu peu de temps avant son célèbre discours du 25 mai 1961, où le président Kennedy annonçait au Congrès son plan de conquête de la Lune, sans aucune référence aux modalités de financement de cette gigantesque ambition.

Dans le sillage de cette révélation, la règle visant à maintenir la possibilité de convertir les dollars en circulation en or, que l'on appelait le Gold Exchange Standard, a été suspendue en 1971 par la décision du président américain Nixon. Depuis, il n'y a plus de relation entre les stocks d'or existants et la quantité de dollars en circulation. Dit autrement, il est possible de créer des dollars sans être contraint par la quantité d'or existante.

Mais la vraie contrainte posée à la création monétaire, comme l'avait justement remarqué Kennedy, est, bien sûr, l'inflation. Cette limite est fonction de l'état de l'économie. Il est possible de créer de la monnaie sans provoquer une augmentation des prix tant qu'il subsiste du chômage et que la capacité de production de biens et de services n'est pas saturée. Le surcroît de monnaie permet alors à l'économie de croître et de créer des emplois. Ce n'est que lorsque l'économie est saturée, au plein emploi de ses capacités de production, que l'ajustement se fait alors par les prix, et non plus par les volumes, et que l'inflation progresse. Ainsi, lors de la crise du Covid en 2020 et 2021, l'inflation est restée stable alors même que des quantités colossales de monnaie étaient créées et injectées dans l'économie. Prenons l'image d'une maison qui brûle, comme l'était notre économie lors du Covid. On peut, pour éteindre l'incendie, l'arroser de liquide – de liquidités, en l'occurrence la monnaie créée – sans pour autant provoquer une inondation. La raison est simple : l'intensité de l'incendie est telle que les liquidités injectées servant à éteindre le feu s'évaporent avant même de retomber au sol. Ainsi est-il possible de créer de la monnaie tant que l'économie n'est pas au plein emploi et à pleine saturation des capacités de production.

D'ailleurs, l'inflation observée en Europe et aux États-Unis à partir de 2022 n'est en rien liée à la création monétaire passée, mais à la hausse du prix de l'énergie et des matières premières du fait de la guerre en Ukraine et de la dislocation des chaînes de production et de logistiques résultant du Covid et des confinements. Elle est la démonstration, *a contrario*, que l'on peut créer de la monnaie sans impact sur l'inflation tant que l'économie n'est pas au plein emploi. Le Japon en est une illustration. La masse monétaire représentait 100 % du PIB au Japon contre 30 % en

Europe fin 2021. Il n'y avait pourtant pas plus de hausse des prix à Tokyo qu'à Bruxelles.

Outre l'inflation, une autre limite théorique aux déficits budgétaires et à la création monétaire est la soutenabilité de la dette publique. J'ai moi-même été confronté professionnellement à des faillites d'États en raison d'une dette publique devenue trop importante, dette à laquelle ces États ne pouvaient plus faire face. J'ai ainsi été le conseil de l'Argentine puis de la Grèce au moment de leurs défauts, en 2001 et 2009 respectivement. J'étais dans le bureau du Premier ministre grec, Georges Papandréou, quand il a découvert que son pays était en cessation de paiement. En réalité, la dette publique ne devient un problème et une limite que lorsqu'un pays emprunte dans une devise qui n'est pas la sienne. Il perd alors la maîtrise de sa dette, dont le remboursement impose de disposer de réserves suffisantes en devises. C'était précisément le cas de l'Argentine et de la Grèce qui empruntaient, l'une en dollars, l'autre en euros, et non pas en devise nationale. Or la souveraineté monétaire, ou la solidarité dans une zone monétaire commune comme la zone euro, sont essentielles pour pouvoir créer de la monnaie permettant de garder la maîtrise de sa dette dans sa propre devise. Le meilleur exemple nous est fourni par le Japon, qui a la dette publique la plus élevée du monde rapportée à sa richesse nationale, soit 240 % du produit intérieur brut. Le gouvernement japonais emprunte dans sa propre monnaie et gère sans difficulté tout problème de liquidité ou de solvabilité lié à sa dette publique, et parvient même à contrôler les taux d'intérêt. C'est la banque centrale japonaise qui achète ainsi massivement la dette publique émise par l'État – elle en détient au total près de la moitié – et qui contrôle l'évolution des taux d'intérêt en intervenant sur les marchés de capitaux. La dette publique est donc comme « retirée » des marchés financiers par la banque centrale, qui finance bien l'État japonais par de la création monétaire. Pour utiliser un autre précédent que la crise du Covid, c'est exactement ce qu'a fait la Fed, la banque centrale américaine, pendant la Seconde Guerre mondiale : elle finançait les déficits massifs liés à l'effort de guerre et maintenait les taux d'intérêt à un niveau constant en achetant la dette publique émise par l'État américain, et donc en créant de la monnaie.

La conséquence de tout ce qui précède est qu'il est possible de financer les déficits par de la création monétaire. Mais cette capacité est entravée par l'indépendance des banques centrales, que plus rien ne justifie aujourd'hui. Ces institutions ne sont responsables devant rien ni personne, alors même qu'elles exercent un attribut essentiel de souveraineté – la création monétaire – et qu'elles agissent, de fait, comme auxiliaires des gouvernements dans la mise en œuvre des politiques économiques. Une page doit se tourner, celle de la dissociation de la politique monétaire des autres instruments de politique économique. Il faut une reprise en main démocratique, afin que le cadre dans lequel les banques centrales interviennent soit adapté à leurs nouvelles missions, qu'elles soient contrôlées, et que leur coordination avec les autres politiques menées soit la plus étroite possible.

C'est bien une révolution copernicienne et un changement complet de perspective qu'il faut opérer. Le budget d'un État n'est en rien comparable à celui d'un ménage surendetté ou d'une entreprise en faillite. Car contrairement à un foyer ou à une entreprise, un État peut créer de la monnaie. Pour l'État, trouver de l'argent pour financer les dépenses publiques n'est pas un problème. Cet argent n'est pas créé par l'impôt, mais par la banque centrale. Il faut comprendre que celui qui finance l'État n'est, en réalité, pas celui ou celle qui paie l'impôt, mais celui ou celle qui émet la monnaie. Un État peut se financer par création monétaire.

Il faut renverser notre mode de pensée : ce n'est pas l'État qui a besoin de notre argent pour se financer, c'est nous qui avons besoin de son argent. L'impôt et la dette ne précèdent pas la dépense publique. Reformulons pour être plus clair : avant que l'État nous prélève de l'argent par l'impôt ou par l'emprunt, il faut bien qu'il nous en ait distribué préalablement. Pour reprendre une image classique, c'est comme au *Monopoly* : on joue, on peut perdre ou gagner, mais de l'argent nous est bien distribué au début du jeu, attribué en cours de partie et taxé par moment. Cet argent est créé par la banque qui, elle, ne peut jamais faire faillite. C'est pareil dans l'économie. L'État peut, par la banque centrale, et sous réserve que l'économie ne soit pas au plein emploi et à pleine utilisation des capacités de production, créer de la monnaie comme il l'entend. Dans cette perspective, l'objet premier de l'impôt n'est pas tant de financer l'État que de structurer, organiser et réguler la société. Il est de nous contraindre à travailler pour pouvoir payer l'impôt. Il peut, bien sûr, jouer un rôle incitatif, comme pour le tabac dont la fiscalité augmente régulièrement afin d'en décourager la consommation. Il permet aussi une redistribution nécessaire et juste des revenus et de la richesse. Mais il est d'abord et avant tout un instrument d'assujettissement du citoyen. Il contraint tout citoyen à être solvable pour s'en acquitter, donc à travailler. Contrairement aux apparences, ce n'est pas notre argent que l'État recherche, mais notre temps passé à travailler.

Ce changement de paradigme, la capacité de financer des dépenses publiques par création monétaire, a des implications majeures qui peuvent et doivent être révolutionnaires pour le fonctionnement de nos sociétés. Ce qui n'était pas envisageable le devient. Il est possible d'inventer un nouveau modèle de société, de financer sans contrainte des dépenses et des services publics essentiels, d'éducation, de santé ou de sécurité. Il devient possible aussi de distribuer un revenu minimum universel. C'est aujourd'hui un instrument de cohésion indispensable à nos sociétés.

*

Le déficit est la différence entre ce dont nous disposons et ce dont nous avons besoin. Mais le vrai déficit n'est pas budgétaire ou financier, il est celui qui existe en matière de santé, d'éducation, d'infrastructure ou d'emploi.

Nous l'avons vu, le budget n'a pas nécessairement à être équilibré. C'est un instrument à la main des gouvernements, qui permet d'agir sur l'économie. La priorité absolue est l'amélioration du niveau de bien-être général et l'assurance que toute personne cherchant un emploi puisse en trouver un. Le financement monétaire de déficit doit permettre le lancement de grands projets d'infrastructure et de recherche, d'investissements, mais aussi la mise en place de vastes programmes de travaux publics favorisant l'emploi, à l'image du New Deal lancé par le président américain Roosevelt au début des années trente, et du « droit à un emploi utile et rémunéré » défini dans son discours sur l'état de l'Union de janvier 1944. Le programme PWA (Public Works Administration) du New Deal a ainsi créé près de huit millions d'emplois, dans la construction notamment (écoles, hôpitaux, routes, barrages, etc.), et permis de profondément moderniser et développer les infrastructures américaines. Il s'est accompagné de la création de milliers d'emplois de musiciens, acteurs ou écrivains. Des programmes équivalents ont été mis en place depuis dans d'autres pays, et avec succès. C'est le cas en Argentine avec le programme Jefes de Hogar (« chargé(e) de famille »), mis en place après la crise de 2001, qui garantissait un revenu minimum mensuel contre quatre heures de travail d'intérêt général journalier. À son maximum, deux millions de personnes en ont bénéficié, soit 13 % de la population active. Six mois après le lancement de ce plan, l'extrême pauvreté s'était réduite de 25 %. Citons également les programmes de même nature mis en place en 2003 en Afrique du Sud (programme élargi de travaux publics, EPWP – Expanded Public Works Program), et en 2005 en Inde (la loi nationale pour la garantie de l'emploi rural, MGNREGS – Mahatma Gandhi National Rural Employment Guarantee Scheme).

Les gouvernements occidentaux, qui ont su trouver les moyens de sauver les institutions financières lors de la crise des subprimes en 2008 et de sauver l'économie lors de la crise du Covid, peuvent trouver les moyens d'assurer un emploi à leurs citoyens. Mais c'est encore un cran au-delà qu'il faut aller. Il est vital de mettre en place un revenu minimum universel.

*

Vital non seulement pour des raisons de justice sociale et d'efficacité économique, mais aussi d'éthique et de morale. C'est une exigence politique, le corollaire indispensable au nouveau monde dans lequel nous entrons et à la définition d'un nouveau contrat social. Un État qui ne peut garantir la sécurité matérielle de ses citoyens est appelé à perdre toute légitimité. La dignité ne se négocie pas, elle est un invariant nécessaire, indispensable même, au vivre-ensemble. Puisque le travail n'est plus offert en quantité suffisante pour assurer à chacun cette dignité, il faut instaurer au plus vite un revenu universel, qui permette à chacun de vivre dignement.

De quoi s'agit-il exactement ? D'un montant versé à tous, d'un montant égal pour tous, sans contrôle des ressources ni des besoins, sur une base individuelle, de manière inconditionnelle, et sans exigence de contrepartie. Il se distingue ainsi d'un revenu d'assistance traditionnel tel que le revenu de solidarité active (RSA), qui est, lui, soumis à un contrôle des ressources, versé sur une base familiale, et conditionné à des efforts d'insertion professionnelle ou sociale. Ce revenu minimum, dont l'objectif est l'inclusion, doit permettre à chacun de pouvoir reprendre le contrôle de son destin, d'être autonome, et de choisir sa vie. Dissociant les besoins vitaux du besoin de travailler, il conduirait là aussi à un changement de paradigme et à une nouvelle société. Il reconnaîtrait à tous un statut, et ferait de chacun d'entre nous un membre à part entière de la collectivité. Il serait versé à tout le monde, y compris les plus riches, pour éviter les effets de seuil et les inconvénients liés à un système de versement sous conditions de ressources.

Ce revenu serait un filet social, le minimum nécessaire pour vivre et pour éradiquer la grande pauvreté, le déclassement et l'exclusion. Il reconnaîtrait une valeur à chacun, quels que soient les accidents de vie. Il serait l'expression d'un mécanisme de solidarité qui permettrait de recréer du lien social et d'éviter la polarisation de la société. Ses avantages seraient multiples : la réduction des inégalités, l'amélioration du pouvoir de négociation des salariés face aux entreprises et la suppression de l'effet d'aubaine pour celles-ci d'une main-d'œuvre nombreuse et prête à travailler pour peu – pourquoi accepter un emploi très mal rémunéré quand on a par ailleurs un revenu minimal garanti ? –, la hausse des revenus minimums, la compensation – même si elle est insuffisante – des emplois et fonctions non rémunérés jusqu'à présent – comme le travail à domicile ou l'éducation des enfants –, etc. En ce sens, le revenu minimum permettrait aussi de promouvoir une société du « soin d'autrui », en encourageant les bénévoles et les aidants non professionnels.

Nous n'avons en réalité pas le choix. La création d'un tel revenu minimum universel est rendue nécessaire par la transformation en cours de l'économie. Dans une étude publiée en 2013, deux professeurs à Oxford, Carl Benedikt Frey et Michael Osborne, se sont interrogés sur la prédiction de Keynes dans un monde de plus en plus informatisé[1]. L'économiste le plus célèbre au

1. Carl Benedikt Frey et Michael Osborne, *The Future of Employment: How susceptible are jobs to computerisation?*, Oxford Martin Programme on Technology and Employment, 2013.

monde avait annoncé l'inéluctabilité de ce qu'il a appelé « le chômage technologique » :

> Nous sommes atteints d'un mal nouveau dont certains lecteurs ignorent peut-être encore le nom, mais dont ils entendront parler abondamment dans les années qui viennent : le chômage technologique. Ce dernier apparaît lorsque nous découvrons plus rapidement de nouveaux moyens d'économiser la main-d'œuvre que de nouvelles façons de l'utiliser[1].

Keynes avait écrit ces lignes en… 1930 ! La numérisation, l'essor de la technologie, et surtout la révolution de l'intelligence artificielle, vont conduire à la destruction de très nombreux emplois et à une augmentation irrésistible de nouveaux chômeurs déqualifiés. On estime ainsi que près de la moitié des emplois actuels sont menacés par la numérisation et l'automatisation et ce, sans compter l'impact de l'intelligence artificielle. Des secteurs que l'on pensait jusqu'à présent protégés, comme l'éducation ou la santé, sont eux-mêmes directement en péril. Que peuvent faire les démocraties pour ces dizaines de millions de personnes dont les emplois sont appelés à disparaître ? Quel prix la collectivité est-elle prête à payer pour que cette casse économique ne se transforme pas en tragédie sociale et en cauchemar politique ? La seule façon de gérer cette transition inéluctable et d'empêcher la naissance d'une nouvelle classe d'exclus est de mettre en place un revenu

1. John Maynard Keynes, « Economic Possibilities for our Grandchildren (1930) », dans *Essays in Persuasion*, New York, Harcourt Brace, 1932 ; trad. Françoise et Paul Chemla, *Lettre à nos petits-enfants* [1930], LLL, 2017.

minimum universel. Les machines peuvent prendre les emplois, mais elles ne doivent pas prendre les revenus.

Cette idée n'est ni folle ni nouvelle. C'est lors des grandes ruptures économiques et sociales qu'elle a prospéré. Elle est apparue en tant que telle pour la première fois dans l'Angleterre du XVe siècle, avec la fin du système féodal et la montée du mercantilisme. L'appropriation des *common lands*, des terres communes, par les grands propriétaires pour y développer l'élevage, laissait les familles de paysans sans moyens propres de subsistance. C'est pour cette raison que Thomas More a suggéré en 1516 dans *Utopia* la mise en place d'une « *method how to live* », d'une méthode de subsistance, « afin que personne ne se trouve dans la nécessité de voler[1] ». Cette idée d'une allocation assurant le minimum pour vivre reviendra à l'orée de la révolution industrielle sous la plume de Thomas Paine en 1797 dans *La Justice agraire*[2]. Ce philosophe et révolutionnaire franco-américain propose que chaque citoyen bénéficie d'un revenu minimum garanti jusqu'à sa mort, à partir d'un fonds alimenté par des rentes foncières. Charles Fourier, l'initiateur du phalanstère, estimera, lui, que le devoir de la civilisation est de donner à chacun des moyens d'existence suffisants, soit trois repas par jour et un logement décent. On pourrait ainsi multiplier les références théoriques, mais allons directement à l'application pratique. C'est exactement ce que le gouvernement français a fait, à nouveau sans l'expliciter, au moment de la crise du Covid, avec le

1. Thomas More, *Utopia*, 1516, livre I.
2. Thomas Paine, *À la législature et au Directoire, ou la Justice agraire opposée à la loi et aux privilèges agraires*, 1797.

financement massif du chômage partiel. Des millions de salariés, dont les entreprises avaient été fermées et l'activité arrêtée, ont été indirectement payés par l'État. Là encore, à l'image du financement monétaire de déficit, la puissance publique l'a fait sans le dire ni l'assumer afin de ne pas créer de précédent.

C'est une révolution nécessaire, à mes yeux, que de laisser à chacun le choix entre travail et non-travail. Tout le monde va-t-il choisir la seconde option ? Je ne le crois pas. D'abord, à l'évidence, il n'est pas toujours possible de trouver un emploi. Ensuite, ce revenu universel n'est qu'un revenu minimum : ceux qui souhaitent gagner plus d'argent et avoir plus de moyens devront travailler. Chaque citoyen sera libre de choisir. S'il opte pour l'oisiveté, il sera rémunéré, mais il renoncera à améliorer sa situation matérielle. Enfin, il est faux de penser qu'une majorité se satisferait de ne pas avoir d'emploi. Le besoin de lien social, l'esprit de responsabilité, l'espoir de pouvoir gagner plus d'argent grâce au travail demeureront des moteurs puissants. D'autant plus puissants que les métiers ingrats seront mieux rémunérés, à la hauteur de l'utilité sociale qu'ils apportent. Le travail ne représente pas qu'une source de revenus, il est aussi un vecteur de socialisation, de reconnaissance sociale et un moyen de se réaliser. L'emploi est ce qui permet l'interaction sociale et ce qui offre de la dignité, de l'insertion, une structure et une identité.

L'une des grandes critiques adressées au revenu minimum universel est qu'il encouragerait à ne pas travailler. C'est l'exemple du « surfeur de Malibu » mis en avant en 1987 par le philosophe libéral américain John Rawls, qui suggère que les contribuables n'accepteraient pas que le travail des uns permette d'entretenir les autres dans l'oisiveté. Cette critique, qui relève d'une logique punitive et de l'obsession moraliste de distinguer entre les méritants et les autres, ne résiste pas à l'analyse.

Tous les programmes de revenu minimum déjà mis en œuvre montrent que ce revenu n'a pas d'impact négatif sur l'emploi. Une étude de Ioana Marinescu, de l'université de Pennsylvanie, citée par Annie Lowrey dans son livre *Give People Money* en donne ainsi de nombreuses illustrations. L'argent distribué est utilisé par chacun pour l'amélioration de ses conditions de vie, au premier rang desquelles l'éducation, mais aussi la santé, le logement et l'alimentation, sans remettre en cause l'emploi ou l'envie de travailler[1]. Les expérimentations internationales montrent ainsi que la distribution d'un revenu, même minime, permet de réduire fortement la pauvreté et a un effet positif sur la croissance. Comme Esther Duflo, la Prix Nobel d'économie, l'a démontré, l'effet de saupoudrage joue à plein.

1. Annie Lowrey, *Give People Money: How a Universal Basic Income Would End Poverty, Revolutionize Work, and Remake the World*, Crown, 2018.

9

Éducation et culture « Une question de vie ou de mort »

Il existe un cercle vicieux entre les inégalités financières et les inégalités d'accès à l'éducation et à la culture. Elles se nourrissent mutuellement : les inégalités financières génèrent des inégalités d'accès à l'éducation et la culture, qui elles-mêmes renforcent par la suite les inégalités financières. C'est particulièrement vrai dans le système élitiste français, qui repose sur le culte du diplôme. Sans le bon diplôme, peu de chances d'accéder aux bons emplois bien rémunérés ; sans moyens financiers, peu de chances d'accéder aux bonnes écoles et formations, et donc d'obtenir le bon diplôme. Ce lien entre le capital économique et le capital culturel a pour effet de favoriser la reproduction sociale, de figer les situations, et de permettre aux plus privilégiés de préserver leur statut. C'est dès l'enfance que se jouent et se déterminent les parcours de vie.

Combattre les inégalités d'accès à l'éducation et à la culture est donc une priorité absolue.

« La question de l'éducation est, pour les sociétés modernes, une question de vie ou de mort, une question d'où dépend l'avenir », écrivait Ernest Renan dans

La Réforme intellectuelle et morale[1]. L'école nourrit la société. D'une part parce que la société de demain dépend de l'éclosion et du développement des jeunes talents, quels qu'ils soient, mathématiciens, écrivains, artisans, ingénieurs, musiciens, etc. D'autre part parce qu'il ne peut y avoir de démocratie sans citoyens éclairés, instruits, capables de débattre et de se prononcer sur le bien public. L'école est libératrice, et c'est sa fonction même : former des citoyens libres.

Ce sont Talleyrand et Condorcet qui ont fait entrer la question de l'école dans la Révolution française et établi le lien entre l'égalité et l'éducation. « Les hommes sont reconnus égaux : et pourtant combien cette égalité de droits serait peu sentie, serait peu réelle, au milieu de tant d'inégalités de fait, si l'instruction ne faisait sans cesse effort pour rétablir le niveau[2] », dira Talleyrand. Pour Condorcet, la mission de la République est de libérer ses citoyens de la pire des servitudes, l'ignorance, précisément parce que celle-ci permet toutes les autres servitudes. Elle fonde l'inégalité et l'injustice. « Un peuple éclairé confie ses intérêts à des hommes instruits, mais un peuple ignorant devient nécessairement la dupe des fourbes qui, soit qu'ils le flattent, soit qu'ils l'oppriment, le rendent l'instrument de leurs projets, et la victime de leurs intérêts personnels[3] »,

1. Ernest Renan, « La part de la famille et de l'État dans l'éducation », *La Réforme intellectuelle et morale*, conférence du 19 avril 1869.

2. Charles-Maurice de Talleyrand-Périgord, *Rapport sur l'instruction publique fait au nom du comité de constitution de l'Assemblée nationale*, 1791.

3. Nicolas de Condorcet, « Sur la nécessité de l'instruction publique », *La Chronique du mois ou Les Cahiers patriotiques*, janvier 1793.

écrit-il. L'instruction doit rendre la raison populaire[1]. D'où les grands principes qu'il définit pour l'école, les principes d'universalité et de gratuité, bien sûr : « Nous avons cru que la puissance publique devait dire aux citoyens pauvres : la fortune de vos parents n'a pu vous procurer que les connaissances les plus indispensables, mais on vous assure des moyens faciles de les étendre[2] », déclare encore Condorcet. Mais aussi le principe de neutralité, qui garantit de n'être asservi à aucune doctrine politique ; le principe de laïcité, qui permet de n'être assujetti à aucune autorité religieuse ; le principe d'objectivité, qui assure de n'être soumis à aucun dogme. En 1792, Condorcet donne cette définition de l'instruction :

> Offrir à tous les individus de l'espèce humaine les moyens de pourvoir à leurs besoins, d'assurer leur bien-être, de connaître et d'exercer leurs droits, d'entendre et de remplir leurs devoirs ; assurer, à chacun d'eux, la facilité de perfectionner son industrie, de se rendre capable des fonctions sociales auxquelles il a droit d'être appelé, de développer toute l'étendue des talents qu'il a reçus de la nature ; et par là établir, entre les citoyens, une égalité de fait, et rendre réelle l'égalité politique reconnue par la loi [...] Cultiver [...] dans chaque génération, les facultés physiques, intellectuelles et morales,

1. « Généreux amis de l'égalité, de la liberté, réunissez-vous pour obtenir de la puissance publique une instruction qui rende la raison populaire » (Nicolas de Condorcet, *Premier mémoire : Nature et objet de l'instruction publique*, 1791, Conclusion.)
2. *Id.*, *Rapport et projet de décret sur l'organisation générale de l'instruction publique présentés à l'Assemblée nationale*, avril 1792.

et, par là, contribuer à ce perfectionnement général et graduel de l'espèce humaine[1].

Dans ce cadre, la Révolution française fera une distinction entre l'idée d'une éducation nationale, qu'elle rejette, et celle d'une instruction publique, qu'elle fonde. L'éducation, telle que les révolutionnaires la voient, consiste à placer tous les futurs citoyens dans un même moule, à l'image des sociétés antiques comme Sparte, et non pas à donner à l'individu les moyens de développer en toute liberté ses facultés. Elle est certes comme une élévation – de même étymologie que le mot « élève » –, mais aussi une violence faite à chacun. À vouloir éduquer, l'État empiète sur des prérogatives qui ne doivent pas être les siennes, mais celles de la famille ou d'un groupe, et sur la liberté de l'individu lui-même. Il faut « borner l'éducation publique à la seule instruction : […] on ne peut l'étendre plus loin sans blesser des droits que la puissance publique doit respecter[2] », écrit ainsi Condorcet, ou encore :

> La liberté des opinions ne serait plus qu'illusoire, si la société s'emparait des générations naissantes pour leur dicter ce qu'elles doivent croire. Celui qui en entrant dans la société y porte des opinions que son éducation lui a données, n'est plus un homme libre : il est l'esclave de ses maîtres et ses fers sont d'autant plus difficiles à rompre, que lui-même ne les sent pas, et qu'il croit obéir à sa raison, quand il ne fait que se soumettre à celle d'un autre[3].

1. *Ibid.*, incipit.
2. *Id.*, *Premier mémoire : Nature et objet de l'instruction publique*, 1791, V.
3. *Ibid.*

L'éducation, au sens moderne, c'est la transmission aux générations futures des acquis d'aujourd'hui. Elle a pour ambition de former, d'élever, de conduire chacun vers l'autonomie de pensée et d'action. Elle doit à la fois modeler les citoyens de demain et répondre aux besoins de la société. L'école républicaine est le reflet de la République. Une crise de l'une entraîne une crise de l'autre.

Or, l'éducation apparaît aujourd'hui à la dérive : de la crise du recrutement des professeurs au niveau des élèves – dont les comparaisons internationales révèlent les lacunes préoccupantes –, en passant par les dysfonctionnements quotidiens des établissements scolaires dans lesquels le manque de moyens apparaît criant.

Les raisons du déclin de l'enseignement public sont nombreuses. Elles relèvent de tendances longues et profondes, des changements de société, et ne sont pas spécifiques à la France. Ainsi, en mars 2023, le très sérieux hebdomadaire *Der Spiegel* consacrait-il sa couverture au « fiasco scolaire » de l'Allemagne. « L'état des écoles est révélateur du désintérêt de la classe politique pour l'éducation : bâtiments vétustes, classes surchargées, enseignants non remplacés. Et le suivi des professeurs est quasi inexistant : tandis que certains se la coulent douce, d'autres croulent sous le travail », déplorent les auteurs de cette enquête.

Ce manque de moyens, également reproché en France, est en réalité relatif et n'explique pas à lui seul l'ampleur de l'échec. Selon l'OCDE, les moyens consacrés à un élève en France sont légèrement supérieurs à la moyenne de l'OCDE. La France dépense un peu moins dans le primaire, mais plus dans le secondaire et le supérieur. C'est, bien sûr, regrettable, dans la mesure où l'acquisition des connaissances fondamentales, notamment en français et en mathématiques, s'effectue entre le CP et le CM2, mais cela révèle surtout les dysfonctionnements et les nombreux gaspillages du système. Ce qui est indéniable en revanche, c'est que les professeurs sont tragiquement sous-payés et qu'en quelques décennies leur pouvoir d'achat a chuté de façon vertigineuse. Selon l'économiste Lucas Chancel, spécialiste reconnu des inégalités, en 1980, un professeur de collège débutait sa carrière en gagnant près de 2,2 fois le smic[1]. En 2023, il perçoit 1,1 smic, pour un niveau d'études bac +5. À cela s'ajoutent de nombreux autres facteurs, parmi lesquels des conditions de formation des maîtres et professeurs qui varient au fil du temps et des gouvernements, la contestation parfois des valeurs mêmes de la connaissance, ou encore la remise en cause de l'autorité et de l'effort. Or l'apprentissage ne peut aller ni sans l'un ni sans l'autre. D'une part l'autorité, parce qu'il faut reconnaître la légitimité du maître ou du professeur à transmettre des savoirs. D'autre part l'effort, car cet apprentissage ne se fait pas sans contrainte, astreinte, répétitions et exercices.

Une raison plus profonde encore participe à cette dérive : le développement d'une société narcissique et reposant sur le culte de l'individu. Si chacun, dès son plus jeune âge, peut revendiquer une indépendance innée, à quoi bon l'instruire pour qu'il acquière ce qu'il possède déjà ? À quoi bon le contraindre et risquer de contrevenir à son épanouissement ? C'est sur ce terreau qu'ont fleuri toutes les idéologies « pédagogistes » sur

1. Lucas Chancel, « La chute du salaire des enseignants en France (1980-2022) », avril 2023 ; https://lucaschancel.com/enseignants/

l'enfant producteur de son propre savoir, progressistes en apparence et profondément inégalitaires en réalité. Cette aversion pour les enseignements disciplinaires, pour la transmission des savoirs, qui sévit depuis de longues années, mène à la déculturation. Il suffit de regarder l'enseignement de ce qu'on appelle les humanités – littérature, histoire, géographie – et particulièrement des langues latine et grecque. Elles sont essentielles pour comprendre le monde et jouent un rôle central dans le goût d'apprendre. Mais elles ont la réputation de creuser les inégalités, parce qu'elles ne sont choisies en option que dans les familles d'initiés. Résultat : le recul des langues anciennes est préoccupant. Et pourtant ! Le ministère de l'Éducation nationale lui-même a produit une étude montrant que l'enseignement du latin, dans les collèges défavorisés, agit comme un accélérateur d'égalité[1]. En observant le parcours de trente-cinq mille jeunes entrés en sixième en 2007, ses deux auteurs ont découvert que le succès aux examens des élèves latinistes vivant dans une famille modeste est supérieur de 21,5 % au brevet, et de 23 % au baccalauréat, à celui de leurs congénères non latinistes. Cela n'a pas empêché l'Éducation nationale de réduire les horaires dévolus à ces options et de proposer en remplacement quelques heures de « latin pour tous » n'offrant aucune possibilité sérieuse d'apprentissage. Dans un livre édifiant, Augustin d'Humières, professeur de lettres classiques

1. Paul-Olivier Gasq et Mustapha Touahir, « Le latin au collège : un choix lié à l'origine sociale et au niveau scolaire des élèves en fin de sixième », direction de l'évaluation, de la prospective et de la performance, ministère de l'Éducation nationale, octobre 2015.

au lycée Jean-Vilar de Meaux, montre comment il sillonne les collèges de Seine-et-Marne pour convaincre les élèves d'opter pour le latin et le grec et devenir des citoyens éclairés et critiques[1]. Mais il n'est pas vraiment soutenu par l'institution : certains de ses élèves lui expliquent, un jour, au détour d'un couloir, qu'ils ne pourront pas assister au prochain cours de grec parce qu'ils doivent se rendre au tournage d'une émission culinaire à Melun ou, une autre fois, à la répétition d'un spectacle musical inspiré de *La Reine des neiges*. Ces connaissances de base, indispensables pour former des citoyens dignes et responsables, ne devaient pas sembler assez ludiques pour séduire les Narcisse en herbe. L'Éducation nationale est devenue une machine à fabriquer des dépendants à prétention d'indépendance. Il est difficile, ensuite, de s'étonner que près d'un Français sur dix croit que la Terre est plate.

Cette dérive complaisante est profondément inégalitaire. Les élèves de milieu modeste, chez lesquels ne se trouvent ni bibliothèque ni discussions familiales d'ordre scolaire, artistique ou culturel, sont le plus souvent condamnés à demeurer des smicards de la connaissance, tandis que les autres, les plus favorisés, peuvent profiter du capital social que leur dispense leur entourage.

Le capital économique d'une famille détermine largement son capital culturel. Une étude publique portant sur près de 20 000 enfants nés en 2011, avec pour objectif de les suivre jusqu'à l'âge adulte, souligne ainsi le rôle central de la famille dans la

1. Augustin d'Humières, *Un petit fonctionnaire*, Grasset, 2017.

construction des identités et indique à quel point l'enfance est un moment clé dans la formation des inégalités[1]. Les parents des classes populaires considèrent par exemple le temps libre de leurs enfants comme un temps sans enjeux particuliers. Pour ces enfants, le temps libre consiste essentiellement en des activités utilitaires menées chez soi, comme le bricolage, la cuisine ou le jardinage. Ils ont peu de sorties et d'activités culturelles ou artistiques. À l'inverse, les classes sociales les plus aisées valorisent les loisirs artistiques et culturels de leurs enfants, le sport et la compétition. Ils anticipent les apprentissages à venir, en mettant l'accent sur les enseignements de la lecture, de l'écriture, des mathématiques et de l'anglais. On mesure le même écart entre les enfants des classes populaires et ceux des classes aisées dans l'accès aux livres, à la musique, ou encore aux jeux d'éveil et de construction. La sociologue américaine Annette Lareau distingue ainsi l'éducation des enfants pauvres, qui repose sur le principe de la « pousse naturelle » (*natural growth*), de celle des enfants des classes aisées qui repose sur une « mise en culture concertée » (*concerted cultivation*)[2]. Dans le premier cas, les parents pensent que les enfants s'épanouissent

1. Étude Elfe (Étude longitudinale française depuis l'enfance) menée notamment par l'Ined, l'Insee, l'Inserm, la direction générale de la santé (DGS), etc.

2. Annette Lareau, *Unequal Childhoods: Class, Race and Family Life*, Los Angeles, University of California Press, 2003. Aussi exposé en français dans l'article : Annette Lareau, « Les inégalités invisibles. Classe sociale et “élevage” des enfants dans des familles noires et des familles blanches », dans Sylvie Octobre, Régine Sirota (dir.), *Inégalités culturelles : retour en enfance*, ministère de la Culture, 2021, p. 39-101.

naturellement dès lors qu'ils ont de quoi se nourrir, se loger et qu'ils sont aimés ; ils ont peu d'activités encadrées en dehors de la famille. Dans le second cas, les parents transmettent des savoirs, des compétences et des valeurs essentiels dans la vie courante et dans leur vie future ; ils inscrivent leurs enfants dans de nombreuses activités encadrées en dehors de l'école. On le voit, la compétition méritocratique est profondément inégalitaire, et cela commence par les inégalités culturelles. La réussite scolaire suppose l'apprentissage précoce de codes sociaux et culturels, de valeurs de motivation et de discipline. La part des circonstances, donc de l'arbitraire, dans la réussite est bien plus importante que celle du mérite.

La meilleure chance, pour les élèves de milieu modeste, de briser ce plafond de verre est de croiser au cours de leur scolarité un « résistant », un de ces professeurs qui se consacrent à la transmission des savoirs avec un dévouement inversement proportionnel au montant de leur rémunération. C'est le rôle qu'a joué Louis Germain, instituteur, auprès de l'élève Albert Camus. Dans l'école primaire de la rue Aumerat à Alger, M. Germain est celui qui a changé la vie d'Albert Camus, et donc la nôtre, en identifiant son potentiel, en le poussant continûment à se réaliser, en l'encourageant à étudier, en lui donnant des cours particuliers, en l'aidant à obtenir des bourses pour le lycée. C'est tout le sens de l'hommage que lui a rendu Camus dans une lettre qu'il lui a adressée après avoir reçu le prix Nobel de littérature, reproduite ici intégralement :

19 novembre 1957

Cher Monsieur Germain,

J'ai laissé s'éteindre un peu le bruit qui m'a entouré tous ces jours-ci avant de venir vous parler un peu de tout mon cœur. On vient de me faire un bien trop grand honneur, que je n'ai ni recherché ni sollicité. Mais quand j'ai appris la nouvelle, ma première pensée, après ma mère, a été pour vous. Sans vous, sans cette main affectueuse que vous avez tendue au petit enfant pauvre que j'étais, sans votre enseignement, et votre exemple, rien de tout cela ne serait arrivé. Je ne me fais pas un monde de cette sorte d'honneur, mais celui-là est du moins une occasion pour vous dire ce que vous avez été, et êtes toujours pour moi, et pour vous assurer que vos efforts, votre travail et le cœur généreux que vous y mettiez sont toujours vivants chez un de vos petits écoliers qui, malgré l'âge, n'a pas cessé d'être votre reconnaissant élève.

Je vous embrasse, de toutes mes forces.

Albert Camus

Est tout aussi exemplaire la lettre en réponse de Louis Germain à Albert Camus qui souligne parfaitement le rôle de l'éducation et du maître :

Mon cher petit,

[...]

Je ne sais t'exprimer la joie que tu m'as faite par ton geste gracieux ni la manière de te remercier. Si c'était possible, je serrerais bien fort le grand garçon que tu es devenu et qui restera toujours pour moi « mon petit Camus ».

[...] Qui est Camus ? J'ai l'impression que ceux qui essayent de percer ta personnalité n'y arrivent pas tout à fait. Tu as toujours montré une pudeur instinctive à déceler ta nature, tes sentiments. Tu y arrives d'autant mieux que tu es simple, direct. Et bon par-dessus le marché ! Ces impressions, tu me les as données en classe. [...] Je crois donc bien connaître le gentil petit bonhomme que tu étais, et l'enfant, bien souvent, contient en germe l'homme qu'il deviendra. Ton plaisir d'être en classe éclatait de toutes parts. Ton visage manifestait l'optimisme. Et à t'étudier, je n'ai jamais soupçonné la vraie situation de ta famille. Je n'en ai eu qu'un aperçu au moment où ta maman est venue me voir au sujet de ton inscription sur la liste des candidats aux Bourses. D'ailleurs, cela se passait au moment où tu allais me quitter. Mais jusque-là tu me paraissais dans la même situation que tes camarades. Tu avais toujours ce qu'il te fallait. Comme ton frère, tu étais gentiment habillé. Je crois que je ne puis faire un plus bel éloge de ta maman.

[...]

[...] Je crois, durant toute ma carrière, avoir respecté ce qu'il y a de plus sacré dans l'enfant : le droit de chercher sa vérité. Je vous ai tous aimés et crois avoir fait tout mon possible pour ne pas manifester mes idées et peser ainsi sur votre jeune intelligence.

L'Éducation nationale doit offrir à chaque « élève » les conditions de son « élévation ». Impossible de parvenir à être soi, et encore moins à inventer de nouveaux vivre-ensemble sans une compréhension de l'humanité, de son histoire et des cultures qui l'ont portée. L'éducation est une priorité pour s'affranchir du chaos. Pour retrouver, sûrement sous d'autres formes, ce qui a porté les peuples occidentaux pendant des siècles et qui a disparu : le volontarisme, l'espérance, la foi en l'avenir.

Alors que faire ? L'objet de ce livre n'est pas de définir un catalogue de mesures visant à réformer l'Éducation nationale. Il est de dire qu'il faut mettre l'éducation au cœur de notre projet de société et lui permettre de remplir pleinement la mission sociale et civilisatrice que lui assignait Victor Hugo. La réussite pour l'école est de parvenir à joindre l'efficacité de l'enseignement et l'épanouissement de la personne. Le modèle canonique de la « réussite scolaire » reste trop fort, illustré par le succès à des contrôles, examens et concours conçus comme la condition absolue d'accès à la réussite professionnelle et sociale. Notre modèle est tellement élitiste que l'on ne mesure les inégalités des chances qu'au niveau de l'élite, que pour les quelques milliers d'élèves issus chaque année du tri scolaire. Il n'y aurait pas assez d'élèves issus des classes populaires et de minorités à l'École polytechnique, à l'École normale supérieure ou à l'ancienne ENA… C'est vrai, bien sûr, mais il faut tout autant dénoncer le nombre beaucoup trop important d'élèves issus des classes populaires et des minorités qui échouent trop tôt, qui abandonnent toute scolarité et toute formation, qui intègrent des filières professionnelles sans l'avoir vraiment voulu et sans perspectives réelles. On ne parle pas là de quelques milliers d'élèves, mais de plusieurs centaines de milliers. Le danger est d'accroître la polarisation de la société. Il faut s'écarter du modèle darwinien, avec des vainqueurs et des vaincus de la compétition scolaire et méritocratique. Rien ne justifie que les « vaincus » n'aient pas accès à la vie qu'ils méritent et qu'ils auraient souhaitée, simplement parce que les circonstances de leur naissance ne leur ont pas donné cette chance. Ils se trouvent largement cantonnés dans des emplois peu rémunérés, précaires et parfois dangereux. Ils se sentent rejetés et méprisés, ce qui nourrit leur juste frustration et colère.

L'école doit, bien sûr, donner à chaque élève les connaissances, compétences et qualifications nécessaires pour s'insérer au mieux dans le monde du travail et dans la société. Mais il n'existe pas un modèle unique de réussite. La réussite doit être compatible avec une large diversité de talents, d'aspirations et de parcours de vie. Elle repose sur d'autres critères, ceux de l'épanouissement personnel et de l'accès à une citoyenneté pleine et entière. Cela suppose des parcours plus individualisés et la reconnaissance d'une pluralité d'excellences, cela implique la formation à l'exercice du jugement critique pour pouvoir écouter, débattre et prendre ses responsabilités. Cela nécessite de mieux former les maîtres et professeurs, de mieux les rémunérer en reconnaissant la mission centrale qui est la leur, d'arrêter l'hémorragie des fermetures de classe et de rétablir l'égalité de moyens sur tout le territoire. Mais cela impose surtout de démocratiser l'école, de rétablir pour tous des conditions d'égal accès à l'éducation, et notamment de mettre fin au système absurde et injuste qu'est la sectorisation scolaire. La sectorisation a été introduite pour réduire les inégalités. Elle consiste à scolariser les enfants au plus près de leur domicile. L'objectif était d'empêcher les familles aisées de mettre leurs enfants dans l'établissement de leur choix. Mais c'est l'exact opposé qui s'est produit. Les meilleurs collèges et lycées sont le plus souvent situés dans les beaux quartiers des grandes villes, là où vivent évidemment ceux qui ont le plus de moyens financiers, et qui leur sont donc réservés. On a ainsi renforcé la ségrégation sociale. Avant la sectorisation, au moment de l'examen d'entrée en sixième, les meilleurs élèves étaient envoyés vers les meilleurs collèges. Il y avait alors un brassage social. C'est aujourd'hui tout l'inverse. On a créé de nouveaux ghettos, figés, de riches comme de pauvres. Dans certains départements ou dans certaines villes, les inégalités ethniques s'ajoutent aux inégalités sociales. Reste plus que jamais d'actualité l'analyse d'Édouard Herriot, président du Conseil, en juin 1924 : « La démocratie ne sera pas complètement fondée tant que, dans notre pays, l'accession à l'enseignement secondaire sera déterminée par la fortune des parents et non, comme il convient, par le mérite des enfants[1]. »

*

L'éducation et la culture sont les deux piliers fondamentaux qui mettent en capacité de changer la vie. Ce sont des instruments de résistance qui permettent à la fois de combattre les *a priori* et les préjugés, mais aussi de rêver et de bâtir un monde meilleur. Elles sont toutes deux essentielles pour comprendre le monde, affirmer des valeurs supérieures, et ne jamais se soumettre à l'arbitraire. Ce sont des instruments de liberté et d'émancipation individuelle et collective. Là encore, rappelons l'héritage de la Révolution et citons Talleyrand : « Les chefs-d'œuvre des arts sont de grands moyens d'instruction, dont le talent enrichit sans cesse les générations suivantes. C'est la liberté qui les fait éclore[2]. »

1. Édouard Herriot, discours du 17 juin 1924 à l'Assemblée nationale.
2. Charles-Maurice de Talleyrand-Périgord, le 13 octobre 1790, devant l'Assemblée constituante.

Pour cette raison, la culture est, au même titre que l'éducation, une priorité absolue. La culture est liberté. Elle est contestation et révolte. La culture n'est pas agrément ou divertissement, elle est engagement et combat. Nietzsche pourfendait ceux « pour qui l'art se réduit à un aimable à-côté de la vie, à un colifichet, dont le *sérieux de l'existence* peut aisément se passer[1] ». L'art n'est pas un accessoire, il est au cœur de la vie. C'est précisément ce qu'il faut faire comprendre aux plus jeunes notamment : la culture n'est pas figée, conservatrice, morte ; elle est au contraire bouillonnement, rébellion, vie. Citons le discours de Jack Lang, alors nouveau ministre de la Culture, le 17 novembre 1981 devant l'Assemblée nationale : « À une société vieillie correspond une culture docile et lénifiante, à une société vivante et libre correspond une culture combative et indépendante. » La culture est la langue des opprimés et des minoritaires. Il existe à mon sens deux conceptions de l'art : l'une esthétique, dans laquelle l'art est plaisir et jouissance, réservé principalement à ceux qui ont les moyens financiers et culturels d'y accéder ; l'autre politique, non au sens militant du terme, mais au sens de l'engagement. Un engagement contre ce qui est, une révolte contre la vie, un contre-pouvoir. Cette révolte s'est exprimée à travers les siècles sous des formes et sur des supports différents, selon les époques : la sculpture, la peinture, le théâtre, le roman, la poésie, la musique, etc., mais c'est à chaque fois le même souffle et la même rage qui se sont fait entendre, le rejet de ce qui est, la contestation de l'ordre et de la norme. Il n'y a aucune différence en ce sens, si ce n'est l'époque et donc

1. Friedrich Nietzsche, *La Naissance de la tragédie*, préface à Richard Wagner, 1871.

le moyen d'expression, entre le punk des Sex Pistols, la poésie de Rimbaud, le rap de Public Enemy, la peinture de Francis Bacon, les romans de Flaubert, ou la sculpture de Giacometti…

L'ouverture à l'art sous toutes ses formes est l'antidote le plus puissant à l'anomie qui menace. De Villon à Baudelaire, du Caravage à Courbet, l'art révolté incarne l'insoumission et le refus de l'ordre établi. Il faut s'intéresser à Egon Schiele, mort à vingt-huit ans de la grippe espagnole, figure majeure de la Sécession viennoise, qui ouvre la voie à l'expressionnisme ; à Basquiat, mort au même âge d'une overdose après avoir laissé une œuvre considérable, qui signait ses premiers graffitis sur les murs de New York « SAMO », pour « *SAMe Old shit* » (« la même vieille merde »). « Mon œuvre, assurait l'artiste, c'est à peu près 80 % de colère[1]. » Ses toiles disent sa révolte face au racisme et ont une portée universelle. Elles parlent à l'humanité dans son ensemble. « [S]es débuts remarquables se sont produits […] avec l'allure d'une insurrection[2] », disait Baudelaire de Courbet. « Ceci est la couleur de mes rêves », écrit Miró sur sa peinture-poème éponyme, lui qui à l'automne de sa vie lacère et brûle ses toiles, comme une ultime rébellion.

Une société vivante est une société qui donne la première place à la culture. Citons à nouveau Jack Lang dans son discours de novembre 1981 : « Le droit à la vie, c'est le droit au travail, et c'est le droit au bonheur, le droit à la beauté. Les plus pauvres sont toujours privés des deux. Les plus riches en sont gavés. » Donner la priorité à la culture, c'est tout à la fois permettre un égal

1. Jean-Michel Basquiat, *Basquiat-isms*, Princeton University Press, 2019.
2. Charles Baudelaire, *Exposition universelle de 1855*, II.

accès à la culture, favoriser l'éveil à la sensibilité, ouvrir les écoles aux artistes, promouvoir l'apprentissage des différentes formes d'art, illustrer la modernité des plus grands artistes et expliquer encore et encore que l'art c'est la vie... C'est inviter à la création, à l'exploration et à l'aventure, c'est donner l'appétit de vivre et de partager.

C'est essentiel pour donner du sens à ce que nous sommes et pour nous rassembler. « Ce qui est la racine de la culture, c'est que la civilisation qui est la nôtre [...] laisse l'homme seul en face de son destin et du sens de la vie. Et ce qu'on appelle la culture, c'est l'ensemble des réponses mystérieuses que peut se faire un homme[1] », disait André Malraux dans son discours du 18 avril 1964.

1. André Malraux, discours prononcé lors de l'inauguration de la maison de la culture de Bourges le 18 avril 1964.

10

Réinventer la démocratie

Dans un discours à Albi en juillet 1903, Jean Jaurès définissait la République comme « un grand acte de confiance. Instituer la République, c'est proclamer que des millions d'hommes sauront tracer eux-mêmes la règle commune de leur action ; qu'ils sauront concilier la liberté et la loi, le mouvement et l'ordre ; qu'ils sauront se combattre sans se déchirer ; que leurs divisions n'iront pas jusqu'à une fureur chronique de guerre civile[1]. »

La démocratie, c'est l'art de vivre ensemble et la recherche du bien commun. Le mot a été fondé la première fois pour décrire le régime de Clisthène à Athènes à la fin du VIe siècle av. J.-C., dont l'objectif était de régler le conflit entre les familles prospères et celles écrasées par la dette et d'empêcher l'asservissement de celles-ci par celles-là. Clisthène libéra ceux qui avaient été réduits à l'esclavage, redistribua les terres, ouvrit les tribunaux aux plus pauvres, réduisit les seuils de revenus pour accéder aux fonctions publiques. Tout au long de l'histoire, les sociétés ont été structurées par la domination de quelques-uns sur tous les autres, par

1. Jean Jaurès, discours du 30 juillet 1903 à la distribution des prix du lycée d'Albi.

l'appropriation, les inégalités, l'exclusion. Le triomphe de la démocratie est précisément une réaction à cet asservissement. La démocratie, c'est la prise en charge collective par une communauté de ses propres affaires. Spinoza la définissait comme une union d'esprits (*animorum unio*) permettant à la communauté (*civitas*) de viser ce qui est utile à tous[1]. Le discours de Périclès, rapporté par Thucydide dans *La Guerre du Péloponnèse*, en est le plus bel hommage possible. À l'occasion d'un éloge des Athéniens morts au combat, il parle d'abord d'Athènes, de la communauté et des idées pour lesquelles ils se sont sacrifiés :

> Du fait que l'État, chez nous, est administré dans l'intérêt de la masse et non d'une minorité, notre régime a pris le nom de démocratie. En ce qui concerne les différends particuliers, l'égalité est assurée à tous par les lois ; mais en ce qui concerne la participation à la vie publique, chacun obtient la considération en raison de son mérite, et la classe à laquelle il appartient importe moins que sa valeur personnelle ; enfin nul n'est gêné par la pauvreté et par l'obscurité de sa condition sociale, s'il peut rendre des services à la cité. La liberté est notre règle[2].

Il souligne le respect mutuel et l'absence d'agressivité et de tensions au sein de la cité.

C'est aujourd'hui un paradoxe terrible et un danger ultime de voir cet acte de confiance et cette recherche collective du bien commun remis en cause. La démocratie est menacée de tous côtés. Sa victoire qui semblait totale à la fin du XXᵉ siècle, après la chute du mur

1. Voir Baruch Spinoza, *Traité politique*, 1677, III, § 7.
2. Thucydide, *Histoire de la guerre du Péloponèse*, II, 37.

de Berlin, s'est transformée en grand désarroi. Elle a commencé à douter d'elle-même et à se vider de sa substance sous de nombreux coups de boutoir.

*

Le premier de ces coups a été, bien sûr, la grande stagnation économique et sociale et les crises à répétition. Elles inspirent à la fois une colère et une peur inconnues des générations précédentes. Colère envers les dirigeants politiques, incapables d'obtenir des résultats durables sur la croissance et l'emploi. Peur face à l'avenir, sombre et inquiétant, qui désormais s'annonce moins radieux que le présent.

*

Le second coup de boutoir, sans doute le plus violent, est la montée de l'individualisme. Nous en avons déjà fait le constat : nous sommes dans le temps de l'individu-roi ; roi, mais seul face à lui-même. Chacun se constitue en sujet de sa propre histoire et se définit, faute de mieux, en fonction de son appartenance, ethnique, culturelle, religieuse, sexuelle, en somme par rapport à ce qui l'oppose à autrui. Ainsi est née ce que l'historien et sociologue américain Christopher Lasch a appelé la « société du narcissisme[1] ». Cet individualisme, né dans le sillage de Mai 68 et nourri

1. Christopher Lasch, *The Culture of Narcissism: American Life in an Age of Diminishing Expectations*, Norton, 1979 ; trad. Michel Lee Landa, *La Culture du narcissisme. La vie américaine à un âge de déclin des espérances* (1981), Flammarion, 2018.

par la contre-culture, se veut antiautoritaire et anti-institutionnel, même s'il exige en permanence l'intervention de l'État pour créer des normes ou distribuer des subventions. L'individu-roi est fatalement en rupture avec la société, car il ne poursuit qu'un objectif, lequel n'a rien de collectif ni de social, puisqu'il s'agit de son seul accomplissement singulier.

Ainsi, en quelques décennies, le monde a totalement changé de bases sans qu'il en soit pris acte. L'échec des politiques menées, de droite comme de gauche, a signé l'effondrement des solutions collectives et leur incapacité constatée à « changer la vie ». Comme les élus se révèlent incapables de faire ce qu'ils ont promis, les citoyens ont perdu confiance et entendent intervenir à tout moment dans la prise de décision. L'irruption de la communication numérique a privé les élites politiques, économiques, médiatiques du monopole de l'expression publique. Cette multiplication du nombre d'émetteurs et l'extraordinaire vitesse de propagation des informations et des messages ont pu sembler positives dans un premier temps, en permettant de créer du lien et de mener des actions communes. Mais Internet et les réseaux sociaux ont en réalité rendu caduques les missions traditionnelles des médias de masse : limiter la diffusion de contenus mensongers ou extrêmes, publier de l'information de qualité dûment vérifiée, expliquer les faits et les mettre en perspectives. Ils offrent un porte-voix d'une force incroyable à des mouvements marginaux, complotistes et antidémocratiques. Ils sacralisent l'individu, nouvelle unité de base politique et sociale, mais aussi héros contemporain, avec comme figures de proue l'entrepreneur, l'influenceur ou, à l'autre extrême, la victime. Cette évolution lente est devenue une révolution invisible, mais bien réelle. Car ce tsunami individualiste prend une dimension politique. À l'organisation du tout – de la société, de la démocratie – est désormais préférée l'indépendance des parties, de ces individus qui, grâce à Internet et à la révolution numérique, ont l'illusion d'être parfaitement sachants, libres et indépendants.

La démocratie ne peut ignorer ce sacre de l'individu épris de ce qu'il considère comme sa liberté inaliénable. Mais cette étape nouvelle comporte des risques majeurs, car elle est à l'opposé de l'ère de réconciliation qui a succédé aux tragédies du XXe siècle. En sacralisant l'individu, elle compromet la possibilité de leur rassemblement en une puissance collective. Une démocratie qui n'en serait pas consciente se mentirait à elle-même. Ce tournant majeur, qu'il va falloir appréhender puis apprendre à gérer, pose une question douloureuse : quelle est désormais la place du citoyen ?

La démocratie, depuis Périclès, suppose en effet des citoyens pour fonctionner. Or, les aventures contemporaines de l'individualisme ne contribuent pas à en former. L'aptitude à gouverner exige de s'intéresser aux autres au point de désirer les servir, non comme individus, mais comme peuple. L'aptitude à être gouverné, elle, nécessite un intérêt pour la chose publique (*res publica*), intérêt s'exprimant notamment par la participation aux élections. La désaffection des élites pour les emplois publics comme la désertion croissante des bureaux de vote s'expliquent par ce triomphe écrasant de l'individualisme.

À ce triomphe s'ajoute un troisième coup de boutoir : le fait qu'un nombre toujours plus grand de décisions, de sujets, de domaines entiers de la vie quotidienne ont été sortis du jeu démocratique. Si la démocratie est le régime qui permet de convertir la volonté populaire en politiques publiques, alors ce régime ne fonctionne plus. Plus encore que dans une phase d'essoufflement de la démocratie, nous sommes dans un processus de réduction, d'étiolement, d'escamotage. Les autorités administratives indépendantes, qui confisquent de nombreuses prérogatives publiques, et dont les dirigeants, non élus, ne sont pas responsables de leurs actes, en sont une illustration. Les banques centrales sont un autre exemple de ce dépouillement volontaire des États démocratiques. C'est en très grande partie l'impuissance du politique, sa perte de contrôle et de pouvoir sur les choses, qui fait courir un danger mortel aux sociétés démocratiques. Le résultat de cette dépossession, c'est une dérive dans laquelle de plus en plus de décisions qui concernent les citoyens au plus près de leur vie de tous les jours échappent pourtant aux dirigeants qu'ils ont élus. Il y a une perte de substance inédite de la démocratie, par laquelle la politique a perdu son rôle, son efficacité, et donc sa crédibilité. C'est comme si la démocratie était désormais hors-sol, dévitalisée.

À cela s'ajoute enfin un essoufflement de la démocratie représentative. Ce système, dans lequel on élit des représentants qui exercent le pouvoir en notre nom, s'inspire plus de la république romaine que de la démocratie athénienne. Pour les Romains, la devise SPQR prévalait, *Senatus Populusque Romanus*, le Sénat et le peuple romain, mais dans cet ordre : le Sénat d'abord, le peuple ensuite. Aujourd'hui, la représentation est de la même façon perçue comme un pouvoir oligarchique, où une élite minoritaire s'occupe des affaires communes et exerce le pouvoir au nom du peuple. Il en résulte une prise de distance vis-à-vis du fonctionnement démocratique et une confusion entre les notions d'adversaire et d'ennemi. L'adversaire est celui qu'il faut battre ou convaincre, l'ennemi celui qu'il faut détruire, qu'il s'agisse d'une personne ou d'un système politique, parfois au sein d'un même courant politique. À traiter tout adversaire en ennemi, le résultat est l'autodestruction des démocraties et la montée en puissance de tout ce qui peut apparaître comme une alternative. Nombreux sont ceux qui sont tentés par la radicalité, qui n'éprouvent aucun attachement pour la démocratie et qui appellent au contraire de leurs vœux des régimes autoritaires. Le paroxysme est atteint quand de grands partis démocratiques refusent de reconnaître le résultat d'élections régulières – comme le Parti républicain lors de l'élection présidentielle américaine de 2020 – ou qu'ils organisent eux-mêmes la fraude en leur sein lors d'élections visant à désigner leurs dirigeants – comme le Parti socialiste en France en 2023 ou en 2008 ou encore l'UMP en 2012. On est alors au summum de l'irresponsabilité et du suicide collectif.

L'abstention galopante, l'émergence de mouvements protestataires, la montée en puissance de l'illibéralisme – à l'est de l'Europe –, entre autres, montrent l'urgence à réinventer un modèle. La démocratie triomphante a disparu, face à des citoyens qui doutent de ses vertus, méprisent ses valeurs, refusent avec beaucoup de colère et de ressentiment d'y adhérer.

*

La montée de l'individualisme et l'essoufflement de la démocratie représentative, combinés avec la rupture du contrat social, forment désormais un cocktail explosif. Nombreux sont ceux qui sont passés de la déception à l'indifférence et de l'indifférence à la rage.

Les démocraties sont mortelles, et c'est aujourd'hui un danger majeur. Elles peuvent se suicider, sombrer dans la folie, ou être renversées. Les menaces sont multiples. L'universitaire anglais David Runciman, dans son livre *How Democracy Ends*, recense ainsi différentes fins possibles pour les démocraties[1].

D'abord les coups d'État, comme en a connu la plus vieille démocratie du monde, la Grèce, du coup d'État oligarchique des Quatre-Cents en pleine guerre du Péloponnèse en 411 av. J.-C. à celui des colonels, avec le renversement du gouvernement de Panagiótis Kanellópoulos par les militaires en 1967. De tels coups d'État seraient-il encore possibles dans l'espace européen aujourd'hui ? Probablement pas sous leur forme « classique », mais sous des formes différentes et nouvelles, plus sournoises, comme la manipulation et la fraude électorale, la diffusion de fausses informations, le refus de reconnaître le résultat des élections, et surtout l'élargissement continu du champ de compétence du pouvoir exécutif – ce que les Anglo-Saxons appellent l'*executive aggrandizement* – qui permet de pervertir et de dénaturer la démocratie sans la renverser et qui conduit à l'avènement d'un exécutif autoritaire et à des démocraties zombies. Cet élargissement de l'exécutif repose notamment sur la concentration des pouvoirs, le contrôle de la presse et des médias, et la mainmise sur les tribunaux.

1. David Runciman, *How Democracy Ends*, Profile Books, 2018.

L'autoritarisme progresse ainsi sous des formes nouvelles, parfois proches du fascisme. Il se nourrit de la peur et de la colère, qui eux-mêmes se nourrissent des frustrations, déceptions, désespoirs, de ceux qui ont perdu leur travail et se sentent humiliés. La mort du progrès, la disparition de la croissance, l'échec des politiques économiques menées conduisent à un basculement du centre de gravité politique. L'autoritarisme joue sur ces sentiments, exalte une grandeur passée et la nostalgie d'un âge d'or, promeut les valeurs traditionnelles et le repli sur soi. On retrouve aujourd'hui les mêmes ressorts que dans les années vingt et trente du siècle précédent : une récession économique, un mécontentement face à l'impuissance des gouvernements, une peur face aux changements technologiques, une montée du nationalisme... Certains sont d'ailleurs passés à l'acte. La Pologne, hier considérée comme l'exemple même de la transition réussie entre le communisme et l'économie libérale, entrée dans l'Union européenne en 2004, bascule en 2015, avec la victoire du parti Droit et Justice, fondé en 2001 par les frères Kaczyński. Le régime change de nature. Son caractère démocratique s'estompe peu à peu. Première étape : l'augmentation du nombre de juges qui siègent au tribunal constitutionnel, augmentation qui permet, en nommant des alliés politiques dans cette instance, de faire systématiquement avaliser les lois et les décrets adoptés par la majorité en place. Second étage de la fusée autoritaire : les médias, avec d'une part la reprise en main des médias publics de manière très stricte, et d'autre part l'adoption de textes qui contrôlent et censurent les médias privés. Troisième tour de vis, en 2016 :

la réduction des droits constitutionnels fondamentaux, tel que le droit de manifester. La combinaison de ces initiatives de la part du parti au pouvoir marque la transition d'un régime démocratique vers un régime autoritaire. Elle montre l'importance d'une cour constitutionnelle indépendante, dernier rempart de la démocratie. On retrouve les mêmes évolutions dans la Turquie d'Erdogan, la Russie de Poutine, l'Inde de Modi, ou la Hongrie d'Orban. Tous exaltent leur souveraineté culturelle et le retour à leurs valeurs traditionnelles. Tous brandissent des politiques identitaires, comparables à de nouveaux fondamentalismes. Tous maltraitent leurs oppositions et minorités. Il ne s'agit nullement d'un essoufflement de la démocratie, mais de régimes qui, une fois élus, laissent de moins en moins d'espace aux citoyens. Les droits fondamentaux sont respectés en apparence, mais les citoyens sont en réalité dépossédés du pouvoir effectif. La liberté recule progressivement et finira par disparaître totalement.

Un autre type de risque, lié à l'avènement de l'individu-roi, est de voir émerger demain un monde dans lequel la notion de territoire et de souveraineté aura été bouleversée et où les individus se regrouperont en fonction de leurs affinités et de leurs préférences personnelles, plutôt qu'en fonction du hasard géographique de leur naissance. La définition de la citoyenneté sera différente et le sentiment d'appartenance à un groupe l'emportera sur le sentiment national au sens classique du terme. De tels regroupements pourront se faire dans le cadre d'un État toujours, mais aussi désormais d'une communauté, d'une organisation, ou même d'une entreprise. Chacun pourra choisir librement son appartenance et sa citoyenneté. C'est le sens de la déclaration d'indépendance du cyberespace, rédigée en 1996 par John Perry Barlow, poète et parolier du groupe de rock américain Grateful Dead, que l'on pourrait prendre pour une parodie, mais que le magazine américain de la tech *Wired* décrivait comme une parfaite illustration de l'idéologie californienne :

> Gouvernements du monde industriel, vous géants fatigués de chair et d'acier, je viens du cyberespace, le nouveau domicile de l'esprit. Au nom de l'avenir, je vous demande, à vous qui êtes du passé, de nous laisser tranquilles. Vous n'êtes pas les bienvenus parmi nous. Vous n'avez aucun droit de souveraineté sur nos lieux de rencontre.
>
> Nous n'avons pas de gouvernement élu et nous ne sommes pas près d'en avoir un, aussi je m'adresse à vous avec la seule autorité que donne la liberté elle-même quand elle s'exprime. Je déclare que l'espace social global que nous construisons est indépendant, par nature, de la tyrannie que vous cherchez à nous imposer. Vous n'avez pas le droit moral de nous donner des ordres et vous ne disposez d'aucun moyen de contrainte que nous ayons de vraies raisons de craindre[1].

La menace sur la démocratie résultant de cette idéologie est évidente et peut conduire à confier le pouvoir

1. On trouvera « A Declaration of the Independence of Cyberspace » notamment sur le site internet de l'Electronic Frontier Foundation (EFF) (www.eff.org) fondé en 1990 par John Perry Barlow et Mitchell Kapor. Pour la traduction française, voir l'article : John Perry Barlow, « Déclaration d'indépendance du cyberespace », trad. Jean-Marc Mandosio, dans Olivier Blondeau et Florant Latrive (dir.), *Libres enfants du savoir numérique. Une anthologie du « Libre »*, 2000, Éd. de l'Éclat, p. 47-54.

aux experts, ce que l'on appelle l'« épistocratie ». Le philosophe Jason Brennan – auteur de *Against Democracy* (2016) – et l'économiste Bryan Caplan rejettent ainsi le suffrage universel dont ils remettent en question la fiabilité. Pour eux, la démocratie est le régime de l'opinion, le règne des ignorants ou des charlatans. Jason Brennan considère que beaucoup de questions sont aujourd'hui trop complexes pour être comprises par tous les citoyens. La démocratie doit sélectionner les électeurs selon le savoir ou les compétences. Il envisage par exemple un examen permettant de disqualifier les citoyens ignorants ou sans connaissances de base. Cette proposition n'est pas si éloignée du système proposé par John Stuart Mill, dans *Thoughts on Parliamentary Reform* (1859), où chaque citoyen se voit attribuer un nombre de voix différent en fonction de sa qualification et de son métier.

L'informaticien et libertarien Curtis Yarvin, proche de Peter Thiel, propose ainsi aujourd'hui de traiter les États comme des entreprises. Les pays seraient démantelés en petites entreprises concurrentes gérées par une élite et des groupes dominants. « Parmi les trois options célèbres d'Albert Hirschman face à une situation politique – *Exit*, *Voice* ou *Loyalty* –, nous misons sur le ressort de l'*Exit*, alors que la démocratie repose sur le droit de *Voice*[1] », souligne Nick Land, l'auteur de *The Dark Enlightenment*, seule alternative selon lui à ce que les néo-réactionnaires appellent la « Cathédrale », le prétendu projet de création d'un gouvernement mondial. Le cofondateur de Google, Larry Page, a, lui, exprimé le rêve de disposer d'« un territoire dérégulé dans le monde où il serait possible

1. Nick Land, *The Dark Enlightenment*, Imperium Press, 2022.

de tout expérimenter ». C'est ce rêve qu'un autre néo-réactionnaire et libertarien, Patri Friedman, issu lui aussi de l'idéologie de la tech californienne, essaie de réaliser, comme Peter Thiel. Le Seasteading Institute qu'il a créé a pour objectif de « construire des villes sur l'eau, plantées au milieu de l'océan, [...] dans les eaux internationales. Des villes indépendantes et libres, soumises à aucun État, et donc, à aucune loi[1] ».

Enfin, selon David Runciman, le déclenchement d'une catastrophe est un autre scénario possible de fin des démocraties, que cette catastrophe soit un désastre écologique conduisant à un monde postapocalyptique, à l'image de ceux décrits par Cormac McCarthy dans son roman *La Route*[2] ou par George Miller dans son film *Mad Max* (1979), ou qu'il s'agisse d'une catastrophe militaire comme celle d'une apocalypse nucléaire décrite dans le film *Docteur Folamour* (1964) de Stanley Kubrick.

Dans tous les cas, ce qui semblait impensable il y a quelques décennies encore, la remise en cause des principes démocratiques au cœur même de l'Europe, apparaît aujourd'hui possible. Nous ne l'avons pas vu venir, aveuglés par nos propres dissensions, petitesses et mesquineries, nous trompant d'ennemis comme des enfants gâtés obsédés par eux-mêmes, incapables de partager de manière équitable la richesse et l'avenir, oubliant les leçons de l'histoire. Le pire est possible, et il est devant nous.

1. Louise Couvelaire, « Marchand d'utopie », *Le Monde*, 21 septembre 2012.

2. *The Road*, publié en anglais en 2006, en français en 2008, adapté au cinéma en 2009.

*

Que faire pour éviter l'irréparable ?

Il faut d'abord agir vite pour corriger les trajectoires actuelles, permettre à tous une vie décente et en finir avec des inégalités qui apparaissent à chacun comme insupportables. La lutte contre les inégalités doit être la priorité absolue, elle est la mère de toutes les batailles. Comme nous l'avons vu, cela passe d'abord par la mise en place d'un revenu universel. Cela suppose aussi une meilleure redistribution, par la taxation des plus riches, plus précisément, par une taxation beaucoup plus forte du capital quand il est improductif, non investi dans l'économie nationale, et qu'il s'apparente alors à une rente. Ces mesures sont aujourd'hui indispensables, mais elles ne seront pas suffisantes. Le sentiment d'exclusion et de relégation est bien trop fort. Nombreux sont ceux qui se sentent perdus, sans capacité de peser sur leur destin, sans prise sur leur vie, piégés dans des situations ou des territoires situés loin de tout. Dans un tel état de servitude, ils ne peuvent qu'écouter d'une oreille bienveillante les populistes quand ils font référence à un prétendu âge d'or qui n'a jamais existé et qu'ils évoquent des slogans tels que le « *Make America great again* » de Trump ou le « *Take back control* » du Brexit. Dans un monde qui a profondément changé, le contrat social qui nous lie doit être réinventé.

En 2013, deux universitaires américains, le professeur d'économie au MIT Daron Acemoğlu et son collègue de l'université de Chicago James A. Robinson, ont consacré un ouvrage aux raisons pour lesquelles les pays réussissent ou échouent. Au terme d'un impressionnant voyage dans l'espace et dans le temps, où l'on passe des villages natoufiens du Proche-Orient il y a quinze mille ans aux villes frontières actuelles entre les États-Unis et le Mexique, de la Chine des Ming à la Somalie contemporaine, de la conquête espagnole à la chute de l'Union soviétique, ils concluent que ce sont les régimes qui parviennent à maintenir durablement des institutions inclusives qui font réussir leur pays, tandis que ceux qui s'obstinent dans la confiscation et l'exploitation, dans ce que les auteurs appellent des institutions « extractives », ne peuvent inscrire la croissance et la prospérité dans la durée. Nous sommes aujourd'hui dans des sociétés extractives, dans lesquelles quelques-uns captent toutes les richesses, tandis que l'immense majorité se voit privée le plus souvent des simples moyens d'une vie digne. Cette situation est intenable.

Les deux priorités absolues qui doivent être les nôtres pour réinventer la démocratie sont l'émergence d'une société autonome, reposant sur la participation directe des citoyens, et l'invention d'une synthèse nouvelle entre l'universel et le singulier.

*

L'expression de « société autonome » a été utilisée par Cornelius Castoriadis. Elle renvoie à une société dans laquelle tous les citoyens ont une égale possibilité de participer à son fonctionnement quotidien et aux affaires communes, de l'adoption des lois à leur application par des juridictions. C'est une société qui favorise à la fois l'autonomie individuelle et une participation collective à tous les pouvoirs existants. Développer une société autonome impose un changement radical du fonctionnement des institutions démocratiques. Il faut sortir de l'illusion technicienne : trop de décisions ont été prises par des experts, ou sur la recommandation d'experts, le plus souvent divisés, de manière opaque et en l'absence des citoyens. Nombreux sont ceux qui ne se sentent pas, ou mal, représentés. Il faut redonner le pouvoir aux citoyens, accroître leur participation, et développer la démocratie directe. Les lois athéniennes commençaient toutes par « *edoxe tè boulè kai tô dèmo...* » (« il a semblé bon au conseil et au peuple... »). L'association des citoyens est au cœur de la démocratie. Il faut plus d'inclusion politique, comme il faut plus d'inclusion économique, au niveau national comme localement, au plus près des citoyens. C'est particulièrement important à un moment où les réseaux sociaux ont pris une telle ampleur, où chacun donne son avis, s'exprime, propose, juge, souvent condamne, et plus rarement approuve. C'est le moyen de mettre fin à la coupure perçue entre les citoyens et leurs représentants, de faire accepter par tous la volonté de la majorité, et de reconstruire de l'unité. C'est tout le sens de l'expression anglo-saxonne d'*empowerment*, qui combine responsabilisation, estime de soi et engagement collectif, et qu'il faut aujourd'hui promouvoir. La démocratie, c'est « le pouvoir des égaux[1] », disait Hannah Arendt. La démocratie participative, c'est précisément l'ensemble des dispositifs locaux, régionaux ou nationaux qui permettent d'associer directement

1. Hannah Arendt, « The Great Tradition: I. Law and Power », première partie de *The Great Tradition*, conférence donnée en 1953 et publiée pour la première fois dans les deux derniers numéros de l'année 2007 du trimestriel *Social Research*, Johns Hopkins University Press.

les citoyens au processus de décision politique, et qui renforcent ainsi la légitimité de l'action publique. Les citoyens discutent, délibèrent et décident ensemble. Elle repose sur la consultation, la concertation et l'organisation de débats publics.

Les modalités sont diverses et peuvent aller de la rédaction d'une nouvelle Constitution par une commission de citoyens élus, comme en Islande en 2010, au droit d'initiative législative ou de référendum. La Suisse, l'Italie et la Californie ont toutes trois largement développé les consultations populaires. Dans ces trois territoires, le référendum d'initiative populaire donne aux électeurs un droit de veto sur certains textes que le Parlement vient de voter. Après leur adoption et avant leur entrée en vigueur, dans un délai de l'ordre de trois mois, certains textes peuvent être soumis à référendum à la demande d'une partie du corps électoral, cinq cent mille électeurs en Italie, cinquante mille en Suisse, et 5 % des personnes ayant participé à la dernière élection du gouverneur en Californie. En Suisse et en Californie, une fraction du corps électoral peut également, par référendum, demander l'adoption de certains textes législatifs. Les responsables politiques, en France notamment, n'aiment généralement pas ces dispositifs d'initiative populaire, d'abord parce qu'ils les dessaisissent, ensuite parce qu'ils n'ont pas confiance dans l'opinion publique et dans ce qui pourrait être présenté ou approuvé. Un manque de confiance proche du mépris et un renoncement à convaincre. Or, il est à noter que la plupart des propositions citoyennes sont rejetées par les électeurs. Un tiers seulement d'entre elles sont approuvées, preuve de la responsabilité et de la maturité du corps électoral. C'est le cœur de la démocratie, ce que les Grecs appelaient l'*isegoria*, l'égalité de parole, écouter ce que les autres ont à dire, et accepter la décision finale.

L'avènement d'une société autonome suppose également une plus grande liberté dans le travail, et vis-à-vis du travail. C'est aussi en ce sens qu'elle est révolutionnaire. Le chômage actuel est notamment dû au fait que la hausse rapide de la productivité du travail depuis plus d'un siècle n'a été accompagnée que d'une faible réduction de la durée du travail, à l'inverse de ce qui s'était produit de 1840 à 1940, où la durée hebdomadaire avait été réduite de soixante-douze à quarante heures. Une société inclusive est aussi une société où l'on partage l'emploi par la réduction du temps de travail. Il est possible et nécessaire d'aller plus loin encore dans ce sens.

Pour restaurer le vivre-ensemble et cultiver ce qui nous unit plutôt que ce qui nous sépare, il faut enfin laisser derrière nous l'individualisme forcené hérité à la fois de la révolution des mœurs initiée dans les années soixante-dix et de l'idéologie ultralibérale. L'un de ses premiers avocats, le Prix Nobel d'économie Friedrich Hayek, a publié en 1944 un livre intitulé *La Route de la servitude*, où il décrit la marche de l'État vers la toute-puissance qui viole la liberté humaine. Nous sommes, des décennies plus tard, dans une situation où c'est précisément le triomphe du marché qui engendre de la servitude[1]. Son disciple Milton Friedman, Prix Nobel d'économie, plaide en 1962 dans son bréviaire le plus célèbre, *Capitalisme et Liberté*, purement et

1. Friedrich Hayek, *The Road of Serfdom*, 1944 ; trad. Georges Blumberg, *La Route de la servitude* (1946), PUF, 2013.

simplement pour la disparition de la société : « Aux yeux de l'homme libre, son pays n'est que la collection des individus qui le composent. Il ne les domine ni ne les dépasse[1]. » Il rêve ainsi d'une société libertarienne. « Sous sa forme la plus simple, une telle société est constituée d'un certain nombre de familles ou, si l'on veut, d'une collection de Robinson Crusoé[2]. » Pas de culture commune, donc, mais une juxtaposition d'individus qui se détermineraient en fonction du marché et de sa main invisible. La maximisation de l'intérêt individuel conduirait ainsi à optimiser le bonheur de tous. On sait aujourd'hui ce qu'il en est et à quoi cela conduit... Le contraste est immense avec le discours d'adieu prononcé par George Washington à la fin de son second mandat, en 1796. Il mettait le peuple en garde contre le danger des « factions » et exhortait les Américains à placer leur intérêt collectif *au-dessus* de leur identité individuelle ou régionale. Il soulignait que, sous couvert de revendications particulières, les factions entendaient en réalité retirer le pouvoir au peuple pour le livrer aux mains de despotes.

Placer l'intérêt collectif au-dessus de chacun d'entre nous requiert de concilier la recherche de l'universel avec le droit à la différence, d'articuler le droit de voir sa singularité prise en compte – au nom du respect de la diversité – avec le droit à l'indifférence – le droit de chaque individu à être traité sur un pied d'égalité avec tous les autres en dépit de ce qui l'en différencie. De la même façon qu'il faut plus d'inclusion économique et politique,

1. Milton Friedman, *Capitalism and Freedom*, 1962 ; trad. A.-M. Charno, *Capitalisme et liberté* (1971), Flammarion, 2018, Introduction.
2. *Ibid.*, chap. I.

il faut plus d'inclusion sociale. Cela exige non seulement de protéger les droits des minorités et de lutter contre les discriminations, mais aussi d'inclure ces minorités dans la vie publique. Une société est « inclusive » quand les droits les plus fondamentaux de tous les citoyens y sont garantis et quand les groupes dominants ne peuvent pas pratiquer d'abus de pouvoir et monopoliser les institutions. Sur le papier, la loi assure certes l'égalité de tous, mais la réalité est plus complexe, plus ambiguë, moins univoque. Il faut lutter sans relâche et sans compromis contre toutes les discriminations, sexuelles, religieuses, ethniques, de genre ou autres. Le combat pour plus d'autonomie et de participation de tous ceux qui subissent le poids des institutions et du regard des autres est un combat juste et nécessaire. Mais il faut parallèlement reconnaître que le bien commun est supérieur aux affiliations communautaires et ne pas instrumentaliser la culpabilité et la victimisation. Il convient tout à la fois d'accepter les différences et de renoncer au clientélisme, de retrouver un chemin à la fois plus égalitaire et plus universaliste. C'est la condition pour renouer avec le sens de ce qui nous unit et de ce qui nous rassemble. La diversité est une richesse, le métissage et le mélange des cultures une force. Nous devons reconnaître et accepter l'altérité, nous ouvrir à l'autre. Mais nous ne pouvons pas nous contenter de parler de différences. C'est dans le domaine religieux, la synthèse que permet la laïcité, telle que la France l'a historiquement mise en œuvre, et qui est aujourd'hui si mal expliquée et comprise. Elle n'est pas interdiction ou répression, elle est au contraire affirmation et protection. Elle garantit à chacun, croyant ou non-croyant, le même droit à la liberté d'expression de ses convictions, le droit d'avoir ou ne de pas avoir de religion, d'en changer ou de ne plus en avoir. Elle garantit la liberté de religion, mais aussi la liberté vis-à-vis de la religion : personne ne peut être contraint par le droit au respect de dogmes ou prescriptions religieuses. Mais l'État, lui, dans le respect de tous, ne reconnaît que les citoyens, sans établir de distinctions entre eux en fonction de leurs croyances. En ce sens, la laïcité est le garant de l'autonomie individuelle. C'est cette synthèse d'affirmation de la diversité et de protection des minorités, dans le respect de tous, qu'il faut réaliser, et bien au-delà du seul champ religieux. Dépasser nos différences sans pour autant les nier, en inventant une laïcité sociale.

La démocratie est une exigence, un combat, qui a été engagé par le *démos* des Grecs anciens. C'est un combat contre l'asservissement, contre la soumission à un groupe dominant. L'humanisme contemporain consiste à rejeter le fatalisme et la résignation, à ne pas accepter les inégalités et les injustices comme si elles étaient des phénomènes naturels, mais au contraire à les combattre. Il est temps de renouer avec une modernité porteuse de grandeur, de valeurs universelles, d'autonomie de l'individu maître de son destin.

Conclusion

Les institutions politiques devaient nous apporter la sécurité, nous permettre de nous nourrir, nous loger, nous soigner, nous protéger. Elles ont échoué. La démocratie a failli.

L'illustration la plus marquante de cet échec est l'explosion des inégalités. Quelques-uns captent toutes les richesses, les accumulent dans une frénésie boulimique sans fin et sans limite, s'organisent pour protéger leur trésor et ne rendent rien, ou pas grand-chose, à la société, tandis que l'immense majorité est privée des besoins élémentaires de subsistance et de toute dignité. Nos dirigeants, gorgés d'eux-mêmes, ayant perdu le sens de la grandeur et de l'intérêt public, regardent ce spectacle sans agir.

Cette situation est inacceptable moralement et intenable politiquement.

Dans un cercle vicieux, ces inégalités nourrissent en retour l'impuissance démocratique, en soumettant nos institutions aux intérêts dominants. Les plus riches, individus ou entreprises, défendent leurs rentes, contrôlent les médias, financent leurs candidats aux élections, changent les lois... Les plus pauvres subissent. Les passions tristes, frustration et colère, se déversent sur les réseaux sociaux, et nourrissent misanthropie sociale et nihilisme démocratique. Le rapport aux autres se dégrade et chacun, isolé, prend le choc des crises collectives.

Notre démocratie repose sur un équilibre délicat et fragile, entre l'individu et la collectivité, comme entre l'économie et la politique. L'un ne doit jamais l'emporter sur l'autre.

Si rien ne change, cela conduira inéluctablement, soit à une rupture violente, soit à un nouveau fascisme. Mais il n'est pas trop tard pour agir, et c'est maintenant qu'il faut le faire. Il nous appartient de construire une société nouvelle et juste, une société de l'émancipation, permettant à chacun de devenir ce à quoi il aspire.

Cela suppose une transformation radicale, sans compromis, et une action globale, sans réformes partielles. Le capitalisme libéral, né avec la révolution industrielle, et qui a triomphé au lendemain de la Seconde Guerre mondiale, nous a certes donné plus de liberté, mais nous a transformés en consommateurs passifs. Il a placé le marché au cœur de tout, et s'est construit sur l'idée que le progrès économique était la seule chose qui comptait. Mais le progrès s'est évanoui et notre liberté s'est avérée très largement une illusion. Toute notre vie est organisée, sans alternative possible, autour du travail et de la consommation : travailler pour produire des objets de consommation, travailler pour toucher un salaire et pouvoir acheter ces mêmes objets de consommation agités sous nos yeux comme des modèles par la publicité, travailler dans le cadre d'une compétition effrénée dont nous ne comprenons plus le sens ni la raison, travailler pour nourrir le Moloch capitaliste. Nous ne nous définissons plus que par ce que nous consommons. Le succès des marques de luxe à travers le monde et dans toutes les classes sociales en est une illustration.

Le capitalisme libéral ne profite plus en rien aux populations, ne peut pas répondre aux plus grands défis de ce siècle, comme le changement climatique, et conduit à l'émergence de méga entreprises susceptibles de menacer à terme la souveraineté des États. Seuls deux pays, les États-Unis et la Chine, ont un PIB supérieur à la richesse gérée par la société financière *BlackRock*, dont les actifs oscillent autour de 10 000 milliards de dollars. Les dix plus grandes sociétés de gestion d'actifs financiers dans le monde contrôlent ensemble près de 45 000 milliards de dollars, soit la somme des PIB annuels des États-Unis, de la Chine, du Japon et de l'Allemagne.

Aux menaces pesant sur la démocratie et au risque individuel de la déchéance sociale, s'ajoute désormais le risque collectif de la fin de la planète, environnemental ou nucléaire. Il y a urgence à agir.

La société du possible doit être d'abord une société autonome, au sens où l'entendait Cornelius Castoriadis : une société composée d'individus qui se déterminent librement, forts de leurs différences et de leur diversité, refusant toute forme de discrimination et de repli sur soi, égaux et unis par des valeurs communes. C'est un nouveau contrat social qu'il faut définir, avec de nouveaux modes d'association et de participation des citoyens.

La société du possible doit être aussi une société du partage, avec un nouveau rapport au monde : partage de la richesse, partage du travail, partage du temps. Elle est une société qui donne du sens à ce que nous sommes et à ce que nous faisons. Elle repose sur le refus de l'aliénation et sur la réalisation de soi. Elle permet à chacun de pouvoir progresser et de ne plus subir. Elle donne à chacun les moyens d'agir sur sa vie, de pouvoir changer sa vie, de choisir sa vie. Le rôle de l'État est à cet égard essentiel. Il lui appartient de le mener à bien par des politiques redistributives, le financement de dépenses fondamentales, la réduction du temps de travail, et la distribution d'un revenu minimum universel.

La société du possible est enfin une société ouverte, qui repose sur le dialogue et l'acceptation de l'autre, et qui rejette toute pensée de renfermement. L'ouverture à l'autre n'est pas une dilution de soi, ce sont au contraire nos différences qui nous réunissent et nous enrichissent.

C'est une société qui donne la priorité à l'éducation et à la culture. Dans un monde où il est désormais possible de dire n'importe quoi sans crainte d'être démenti ou contredit, éducation et culture sont des armes de destruction massive des préjugés et des contre-vérités, mais aussi des armes de construction massive d'un monde meilleur. Elles mettent en capacité de changer la vie. Ce sont des instruments de liberté individuelle et collective.

Un des enjeux les plus forts de l'ouverture, et du refus de la fermeture, est l'Europe. L'Europe est à la fois une évidence et une nécessité. Nous avons une histoire commune – heureuse ou malheureuse –, des valeurs communes, une identité commune, il nous appartient de construire un destin commun. Il existe une singularité européenne, une spécificité européenne, que nous devons préserver. Dans un monde ouvert et mobile, où domine la loi des grands nombres, nous ne serons forts qu'ensemble. Séparés, nous serons rapidement marginalisés de la marche du monde. Nous devons nous unir pour affirmer notre idéal commun, nos valeurs communes, l'humanisme, la liberté, l'égalité.

Il y a urgence aujourd'hui à réinventer un destin commun, un lien qui nous unit, une espérance collective. Nous devons réapprendre à regarder ensemble dans la même direction et se réapproprier une part de rêve.

Une société du possible est une société qui permet à toutes et tous de vivre debout, libres et dignes.

Table

TROISIÈME PARTIE
ÊTRE ENSEMBLE

Composition et mise en pages
Nord Compo à Villeneuve-d'Ascq

CET OUVRAGE
A ÉTÉ ACHEVÉ D'IMPRIMER
SUR ROTO-PAGE
PAR L'IMPRIMERIE FLOCH À MAYENNE
EN SEPTEMBRE 2023

N° d'impression : 103258
Imprimé en France